KB271022

목회자의 비윤리적인
행동에 반기를 들고
교회개혁에 뛰어들었다가
기독시민단체활동에·
적극적으로 가담하게 되었다.
대학 시절 꿈꾸던 신학공부를
웨스트민스터신대원에서 하게
되고 그것도 모자라 평신도를
위한 신학운동을 하고자 맘
맞는 신학자들과 기독연구원
느헤미야를 설립하여
사무처장으로 섬기고 있다.
경기도 화성에서 서울까지 야간
이동을 하며 체력이 다하는
날까지 하나님 나라 위해 뛰는
게 소망이다.

권연경

서울대 영문학과와 미국
풀러신학대학원, 예일 대학교를
거쳐 영국 킹스칼리지 런던에서
신학박사학위를 받았다.
웨스트민스터신학대학원대학교와
안양대학교를 거쳐 숭실대학교와
기독연구원 느헤미야에서
신약을 가르치고 있다.
샘물교회와 주님의보배교회
등에서 협동사역과 설교를
담당하고 있으며, 교회의
어려움에 도움을 주는 의리의
목사이다.

김근주

학부에서는 경제학을 전공했지만, 주님의 은혜로운 인도하심을 따라 신학교에 가게 되었고, 결코 상상해 본 적이 없었는데 목사가 되었다. 예언자들이 외치는 심판뿐 아니라 그들이 외치는 회복의 메시지야말로 예수께서 이 땅에 선포하신 하나님 나라의 내용임을 깨닫고, 이를 연구하고 준행하고 가르치는 삶을 살기를 소망하고 있다. 소망이 그렇다는 거지, 실제로는 연구나 준행, 가르침 모두에서 '허우적거리고' 있다.

김형원

서울대 경영학과와 총신대신대원을 졸업하고 미국으로 유학하여 고든콘웰신학대학원과 보스턴대학교를 거쳐 트리니티복음주의신학대학원에서 신학박사학위를 받았다. 창천동에 있는 하.나.의.교회를 섬기며, 성서한국 이사와 월간 〈복음과상황〉 발행인을 맡고 있다. 웨스트민스터신학대학원대학교 교수를 거쳐 2011년부터 기독연구원 느헤미야의 원장을 맡고 있으며, 성도들과 격의 없이 교제하고 운동하는 것을 즐기는 목사이다.

느헤미야 팟캐스트 1

느헤미야 팟캐스트 1

기독연구원 느헤미야 지음

홍성사

차례

우리는 왜
팟캐스트의 돛을 올렸나

신앙은 믿고 싶은 것을 맹목적으로 믿는 것을 뜻하지 않습니다. 믿는다는 사실보다는 '무엇을 믿는가'가 더 중요합니다. 열정으로 믿음이 정당화되지는 않습니다. 누군가가 이렇게 말한다고 합시다. "나는 하나님에게는 선한 속성과 악한 속성이 있다고 생각해. 구약은 주로 악한 속성이 발현된 것이고 신약은 선한 속성이 나타난 것이지. 역사는 발전하는 것이기 때문에 이제는 신약의 선한 신만이 우리에게 중요하다고 믿어."

이 사람이 믿는 하나님은 우리가 믿는 여호와 하나님과 같은 분일까요? 무엇으로 그 차이를 구별할 수 있을까요? 하나님의 계시의 산물인 성경이지 않겠습니까? 혹시 이 사람이 두 주먹을 불끈 쥐면서 "믿습니다"를 더 강하게 외치면 그 열정을 보고 믿음을 인정해야 하는 것은 아닐까요? 그러나 우리는 이것이 터무니없다고 생각할 것입니다.

그렇다면 이건 어떤가요? "하나님은 사랑이시니까 내가

원하는 것을 모두 해주실 거라고 믿어. 더 강한 믿음을 가지면 분명히 그렇게 될 거야.” “하나님 믿으면 반드시 잘살게 돼 있어. 미국을 봐. 저 간증하는 사람들을 봐. 하나님은 자신을 믿는 자들에게 부와 건강의 복을 내려 주시는 분이 틀림없어.” “이 세상은 어차피 타락해서 멸망할 테니까 우리가 할 일은 열심히 전도해서 영혼 구원하는 일이야. 세상에서 벌어지는 일에 관심 가질 필요는 없어.”

앞서 나왔던 사람이 하나님을 잘못 안 것처럼 사람들도 하나님과 그의 뜻을 잘못 알고 있습니다. 판단 근거는 동일합니다. 하나님의 말씀입니다. 열심으로 지식의 결핍을 대신할 수는 없습니다.

그런데 오직 열심만으로 자신의 믿음을 증명하려는 듯 윽박지르는 안타까운 모습만 한국 교회에 보일 뿐입니다. 지성이 결여된 신앙을 좋다고 부추기고, 감성만 만져 주면 간까지 빼줄 맹목적인 신앙인들이 양산되고 있습니다. 성경이 무엇을 말하는지 전혀 관심이 없고, 얄팍한 성경 지식과 종교적 관행 그리고 목사들의 장사꾼 같은 부추김을 뒤섞어 나름의 신앙을 만들어 가고 있습니다. 한국 교회에 썩은 내가 진동하는 건 이상한 일이 아닙니다. 뿌린 대로 거둘 뿐이지요.

기독연구원 느헤미야는 우리의 신앙과 한국 교회를 말

씀 위에 다시 세우려는 마음으로 돛을 올렸습니다. 하나님의 말씀에 굴복하고 그 토대에 다시 모든 것을 세우지 않으면 겉모습은 몰라도 실상은 하나님과 전혀 상관없다는 것이 안타까웠기 때문입니다.

우리는 하나님의 말씀이 '교훈과 책망과 바르게 함과 의로 교육하기에 유익하다'고 믿습니다. 그래서 하나님의 말씀을 통해서 나아갈 방향을 설정하려고 애쓰고 있습니다. 그러나 미래로 나아가려면 과거와 현재를 바로잡는 것이 선결되어야 합니다. 우리가 어디서 잘못되었는지, 무엇을 잘못하고 있는지 점검하는 작업이 필요하다는 것입니다.

이를 위해서 느헤미야 연구위원들이 모였습니다. 한국 교회가 직면한 다양한 주제들을 놓고 토론하고 이야기하면서 점검한 것이 팟캐스트였습니다. 지금까지 귀로만 들었던 방송인데 이렇게 책으로 엮게 되었습니다. 팟캐스트는 제한된 시간 동안 여러 사람이 격식 없이 의견을 주고받기 때문에 처음부터 글로 쓰는 것과는 차이가 있습니다. 그래서 활자로 옮겼을지라도 논리적 엄밀성, 학문적 치밀함, 문장의 정교함을 기대하는 것은 무리일 것입니다. 다만 공동작업이 산출하는 풍성함, 현장의 생동감, 한국 교회를 향한 마음 등이 전해진다면 부족한 부분을 보완하기에 충분하지 않을까 합니다. 독자들이 이 대화

에 참여한다는 느낌으로 들어온다면 첨가하
고 싶은 말들이 생각날 것이고, 그것을 바탕으로 주
님의 교회를 바로 세우는 데 기여한다면 이 책의 소임
을 다한 것 아닐까요?

《느헤미야 팟캐스트 1》은 두 가지 주제를 다루었습니다.
첫 번째 주제는 2012년부터 지금까지 우리 사회를 휩쓸
고 있는 힐링입니다. 교계와 사회 안팎에 미쳤던 힐링의
영향에 대해, 그리고 청년들을 위한다는 멘토의 의미를
욕먹을 각오로 '독하게' 이야기해 보았습니다. 두 번째 주
제는 세습입니다. 본질은 권력과 기득권에 대한 집착이
면서 겉으로는 온갖 거룩한 말과 신앙 논리를 끌어 쓰는
모습에 대해 기탄없이 생각들을 나누었습니다.

팟캐스트 작업에 동참한 기독연구원 느헤미야의 연구위
원들과 객원으로 참여한 남오성 목사님, 참여와 녹음 작
업을 병행한 한병선의영상만들기 한병선 대표와 서버 관
리를 맡아 애써 준 황영하 형제에게 감사를 전합니다. 정
신없이 흩어진 말들을 이렇게 멋진 책으로 엮어 준 홍성
사 편집부의 노고에도 감사드립니다.

기독연구원 느헤미야 원장
김형원

청춘, 멘토, 힐링___

첫 번째 이야기

김근주   그동안 잘 지내셨습니까? 우리 느헤미
야 에고에이미 시간이 돌아왔습니다.

일동   우아~

김근주   그동안 별일 없이, 잘 살아 계시군요.
오늘 우리가 함께 나눌 주제는 청춘, 멘토, 힐링입니다. 감
이 잘 오실지 모르겠습니다. 먼저 오늘도 변함없이 이 자
리를 빛내 주신 분들 돌아가며 소개하면 좋겠습니다.

고상환   안녕하십니까. 에고에이미의 주인공 고
상환입니다.

김근주   네, 자칭이죠.

김형원   말하고 싶지가 않네. (웃음)

김근주   이해가 됩니다.

김형원   안녕하세요. 김형원입니다.

배덕만   안녕하세요. 대전에서 왔습니다. 배덕만
입니다.

조석민   예, 조석민입니다.

권연경   권연경입니다.

김근주   오늘 사회를 맡은 김근주입니다.

한병선   PD 한병선입니다.

김근주   네, 좋습니다. 오늘 청춘, 멘토, 힐링에
서 어떤 내용들을 다루게 될지 먼저 김형원 목사님의 간
단한 발제를 들어 보도록 하겠습니다.

김형원   이 주제는 한 2, 3년 전부터 열
풍처럼 불어 닥치는 주제죠? 청춘들에 대한 조
언, 멘토 현상이 나타나고 거기에 힐링과 관련
되는 책들과 여러 가지가 나오고 있습니다. 청
춘들이 거기에 열광을 하고 있는데, 이 주제를

 여하튼 불안과 청년
실업, 이런 상황 속에서 청춘들에게 용기를 불어 넣어 주
려는 이야기들이 계속되고 있죠? 가장 대표적인 것이 지
금 2백만 부 가까이 팔리고 있다는 《아프니까 청춘이다》
같은 책이지요.

고상환   아프리카가 청춘이에요?

김형원   2년이 안 됐는데 2년 동안 2백만 부.

배덕만   모든 교수의 로망이다. (웃음)

김형원   다른 나라까지 번역되고 있어요. 중국
에서도 지금 번역되어 열풍이 불고 있답니다. 저작권을
수출하고 있는 상황이에요. 그 책 외에도, 잘 아는 대로

여러 사람이 멘토로 나서고 있죠? 안철수 씨라든지 박경철 씨라든지. 스님들 중에서 법륜 스님이라든지, 요즘 얘기를 들어보면 양준혁 씨나 이방희 씨도 인기가 많은 강사로 알려져 있어요. 재미난 현상은 스님들 쪽에서 인기 많은 분들이 있다는 거죠. 법륜 스님 같은 분. 근데 지금 시점에서 혜민 스님의《멈추면 비로소 보이는 것들》, 이게 베스트셀러 1위예요. 이것도 엄청나게 팔리고 있거든요. 다음에 법륜 스님의《방황해도 괜찮아》,《스님의 주례사》,《엄마 수업》이런 종류의 책들도 수십만 부가 팔리고 있고, 정목 스님이라고 비구니이신데 이분은《달팽이가 느려도 늦지 않다》, 제목부터 벌써 힐링이 되는 것 같습니다. (웃음) 스님들의 열풍이 확 불고 있는 거죠. 이런 상황인데, 제가 작년부터 보면서, 이런 책들에는 도대체 어떤 이야기들이 쓰여 있을까? 또 그분들은 무슨 말을 할까? 궁금해하며 살펴보았지요. 죽 보니까 뭐랄까 새로운 건 없다 싶습니다. 제가 젊었을 때 들었던 얘기나 지금 하는 얘기나 똑같다 싶어요. 조금 더 세련되게 얘기할 뿐이고요. 그래서 여러 가지 얘기들이 많은데 몇 가지만 요약해 보면 이런 거죠. '아직 인생이 끝난 게 아니다, 너의 살길은 많다, 너의 전성기는 아직 오지 않았다, 실망하지 말고 인

내하면서 기다리고 너의 갈 길을 가라'. 벌써 힘이 나죠.

고상환   은혜스러워요.

김형원   그다음에 '남에 의해서 끌려 다니는 인생 살지 말고 너는 너의 인생이 있으니까 너의 인생을 살아라, 네가 하고 싶은 일을 해라, 거기서 노력해라 그러면 너의 앞길이 계속될 것이다' 뭐 이런 거. 이런 이야기들 정말 듣고 싶은 이야기라고 볼 수 있지요. 그러니까 사람들이 그걸 보면서 좋아하는 거구요. 근데 이런 멘토, 힐링 이런 것들이 도대체 왜 유행할까? 제가 볼 때는 이게 분명히 시대적인 상황과 관련 있다고 볼 수밖에 없을 것 같아요. 시대적인 불황, 청년들에게 닥친 암울함, 이런 부분들. 현실의 벽이 너무 높아지니까 위로가 필요한 거죠. 돌파할 힘이 없으니까. 최소한 뭔가 내 어려운 상황들을 좀 공감해 줄 사람이 필요한 거고, 그 가운데서 뭔가 나를 밀어 줄 사람이 있었으면 좋겠다는 생각들. 그래서 그런 강연을 듣고 책을 읽으면서 공감을 느끼고 위로를 받게 되지 않겠는가? 그런 생각이 들고요.

또 하나 생각해 볼 때 이런 현상에 관련된 게 SNS, 즉 단문 위주의 글들의 유행과도 무관하지 않은 것 같아요. 깊이 있는 성찰의 글들보다는 짧은 분량의 에세이, 이런 것들이 훨씬 파급력이 좋습니다. 앞에 언급한 저자들이 대부분 트위터와 페이스북으로 이미 유명해진 분들이거든요. 그 사람들이 지금 멘토로 나서는데, 단문에 강한 분들이라는 거죠. 대부분의 멘토들이 그렇습니다. 그것도 지금 유행과 무관하지 않다는 생각이 듭니다.

특별히 목사들에 비해 왜 스님들이 인기가 많을까, 이거 우리가 좀 분석할 필요가 있을 것 같아요. 여러 사람들이 분석해 놓은 것을 보면, 그분들이 얘기하는 것에 불교적인 코드가 거의 없다는 거죠. 종교적인 색채를 순화시키고, 누구나 공감할 수 있는 보편적인 이야기들, 보편적인 지혜로 바꿔서 이야기를 하는 거지요. 그러니까 사람들이 들을 때, 스님이 했던 얘기라는 생각이 거의 안 들게 되는 아주 멋진 말, 멋진 조언을 듣는 것 같은 겁니다. 그런데 그 내용들은 불교에서 예전부터 가르쳐 왔던 내용들이 담겨 있는 거죠. 그 책들을 훑어 보면 '남을 앞서기 위해서 애쓰지 말아라, 느리게 가도 실패한 삶은 아니다, 자기 마음의 텃밭을 잘 돌보면서 각박한 현실을 견딜 수 있는 힘을 얻는다' 뭐 이런 가르침들입니다. 그러니까 경쟁 위주의 사회에서 한 발 물러서서 너 자신의 길을 너의 템포로 걸어가라, 이런 것들이지요. 예전에 성철 스님이나 법정 스님 같은 경우는 훨씬 하드한 가르침들이 있었는데 불교계에서도 이게 바뀌었다는 거죠. 이것도 시대적인 상황과 상당히 관련이 있는 것 같아요.

그러면 이 책들이나 가르침이 지금까지 수십 년 동안 있었던 자기 계발서와 뭐가 다르냐. 제가 볼 때 한 가지 다른 점은, 지금까지 나왔던 자기 계발서는 대개 '어떻게'에 초점을 많이 맞췄다는 거지요. 방법론을 제시해 주고 구체적인 어떤 해결책을 제시해 주려고 애를 썼구요, 근데 지금 나오는 것들은 그것보다는 그냥 공감해 주는 것, 이해해 주는 것, 마음을 읽어 주는 것, 위로해 주는 것, 이런 쪽에 좀더 포인트가 가고 있지 않은가 생각하게 되요. 거꾸로 얘기한다면 지금 멘토들도 현실을 타파할 만한 마땅한 게 없지 않겠나, 그런 생각을 해보게 됩니다. 지금 교회에서도 유사한 가르침들이 계속 있어 왔죠. 특히 한국 교회 내에서도 힐링이 대세라서, 설교도 사람을 위로하는 설교라든지 이런 쪽의 것들이 많이 있었고, 그런 식의 책들이 많이 팔리고, 결국 기독교적 자기 계발서가 거의 항상 베스트셀러 상위권을 차지하고 있었잖아요? 그런 점에 비춰 보면 사회적인 현상과 교회 내의 현상이 긴밀하게 관련되어 있다고 보고, 교회 내 청년들도 사회적인 현상에 휩쓸려 가고 있고, 그걸 교회 내로 더 가지고 올 가능성이 많다는 거죠. 여전히 교회 내에서도 자기를 위로해 줄 지도자, 교사, 목사들을 많이 찾을 가능성이 있다는 겁니다. 하드한 가르침보다는 그런 거, 자기를 공감해 주고 이해해 주고 이런 쪽의 사람들을 더 많이 찾게 되지 않겠는가라는 거지요. 그러면 우리가 이것을 기독교인의 관점에서, 성경적인 관점에서 분석해 보고 거기서 대안이라든지 해결책들을 찾아보는 노력이 필요하지 않겠는가? 그런 생각을 하게 됩니다. 이 정도로 발제를 하죠.

김근주　　　예, 요즘 현상에 대한 간략한 소개와 분석이 있었습니다. 일단 요즘 현상들에 대해서 어떤 인상을 받고 있는지 다른 분들의 생각들을 보면서 이야기를 나눠 보는 걸로 시작해 보죠. 누가 먼저 이야기해 주실까요? 지난번 팟캐스트 할 때 가장 먼저 이야기를 풀어 갔던, 새벽기도를 가장 안 나갈 것 같은, (웃음) 권연경 교수님께서 먼저 얘기를 풀어가 주시면 어떨까 싶어요.

권연경   이미지 개선해야 되는데 큰일났네. (웃음)

김근주   밤에 기도를 참 많이 하실 것 같은.

조석민   힐링이 필요합니다.

권연경   자기의 길을 가라. 오케이. 전반적으로 이런 현상들에 대해서 개인적으로 든 생각은, 세대를 비교하는 것도 별로 안 좋은 것 중 하난데, 그냥 개인적인 느낌, 내가 자랐던 세대랑 비교해 보면 중고등학교 때 읽을 법한 책들이 지금 대학생들한테 팔리고 있다는 느낌, 그런 느낌을 참 많이 받아요. 사춘기라고 하면 중고등학교 시절이 절정일 텐데 그 시기에 인생에 대해 고민하고 방향에 대해 고민하고 자기 정체성에 대해 고민하고, 그러면서 이런 책들을 손에 잡게 되고 생각하게 되지 않나요? 기억해 보면 고등학교 때 읽었던 책 중에 자아 형성에 관한 책도 많이 있었던 것 같은데, 조

 그렇다고 말이 어려운 것도 아니고. 결국 지금 청년들의 시대가 어찌 보면 파행적으로 겪고 있는 사춘기 시절하고 거의 유사하지 않은가 싶어요. 이게 누구의 잘잘못을 떠나서 현실적으로 지금 청년기가 실은 사춘기처럼 되어 버렸고, 사춘기를 겪어야 될 시절에는 수험생으로만 살았지 사춘기라는 게 없는 거죠. 그런 파행적인 결과의 표현인 것 같다는 생각이 들어서 많이 씁쓸하고요. 청년들이 정체성의 문제도 거의 생각해 본 적이 없는 상태에서 대학에 들어오거나 성년이 돼서 고민을 시작하니까 이런 책들을 자꾸 손에 잡게 되는 것 같아요. 한편으로는 읽은 분들이 다 그런 느낌을 갖지만, 아까도 발제하실 때 강한 메시지보다는 부드럽고 위로하는 메시지가 많은, 좀 삐딱하게 말하면 실제 도움은 안 되지만 마음은 편한, 적나라하게 말하면 마약 같은 기능을 하는 게 아닌가 싶어요. 현실을 더 도피하게 만드는 거지요. 어떤 학생이랑 면담을 한 적이 있어요. 뭘 많이 읽냐 하니까 자기 계발서를 많이 읽는데, 읽으면서 거기 쓰인 대로 하냐 그러니까 그러지는 않는대요, 또. 그냥 읽기만 한다

는 거예요. 강박관념에 대한 반대, 일종의 반작용이라고 할
까요? 그런 측면이 있는데 실제로 우리 청년들에게 얼마나
도움이 될 것인가는 더 두고 생각해 봐야 될 것 같습니다.

김근주　　　　　권 교수님 말씀이 이런 책들에서 나오
는 조언이 얼마나 현실적일지, 얼마나 이 땅을 살아가는
우리 젊은이들에게 도움이 될지 그 문제일 것 같아요. 거
기에 대해서 혹시, 조언의 현실성이라든지 이런 것들에
대해서 이야기를 좀더 해주시겠습니까?

고상환　　　　　제가 보기에는 구조적인 문제가 많잖아
요. 청년들의 문제는 정치·사회학적으로 보면 이명박 정
부 들어와서 더욱 심화된 청년 실업 문제라든지 경제적인
문제가 바탕이 돼 있었고, 거기에 대한 접근 방식의 차이
들이 여러 현상으로 나타나는 것 같아요. 그런데 방송 등
에서는 힐링이 다루어지고, 법륜 스님이나 이런 분들 보
면 그들의 마음들을 이해하는 듯한데 오히려 기독교에서
는 그걸 전혀 다루지 못하지요. 그리고 모르겠어요, 고지
론 이후에 청년들에게 어떤 희망을 줄 수 있는 기독적인
목소리는 없었던 것 같아요. 교회에서는 단순히 교회 성

장의 대상으로서의 청년, 이런 대상으로, 교회 성장의 객체로만 인식되어 왔기 때문에 이런 대책은 특별히 없었고, 이 상황을 탈피하기 위한 정치·사회적인 접근 방식이나 이런 것도 없는 상태에서 문화적으로 계속 접근하게 되고, 특히 안철수 신드롬이 나오게 된 것도 결국은 구조적인 거잖아요. 청년들은 이 사람을 통해서 뭔가 돌파구가 생길 것이라는 생각이 들기 때문에 이 일들이 계속되는 것 같고요. 이따가 다룰 것 같기는 한데 왜 우리가, 기독교가 아까 말씀드렸듯이 하나의 멘토 또는 그거에 대한 어떤 돌파구, 해결책을 제시하지 못하는지 심각하게 생각해볼 필요는 있는 것 같습니다.

조석민　　　　　네, 저도 거기에 공감하는데 사실 힐링, 청춘, 이런 책들이 나온 것이 하나의 문화현상이라고 저는 생각합니다. 그리고 안철수 현상은 우리 사회에 긍정적인 사회 현상이기보다는 비극적 현상이다 싶어요. 왜나하면 이 정권하에 탄생한 이런 책들도 이 정권 들어와서 책 잘 팔아먹게 만들어졌어요. 이 정권이 아니면 이런 책들이 과연 팔릴까? 그런 생각을 좀 합니다. 특별히 MB정권 들어와서 이제 사람들이……

<table>
<tr><td>김근주</td><td>어, 셉니다.</td></tr>
</table>

조석민　　　　　우울증에 다 감염되서 자살률을 보면, 역대 정권별로 자살률을 따져 보면, 어떤 결과가 나올지 궁금합니다, 아직은 모르지만. 그런 점에서 청년들의 상실감, 특별히 재벌 기업을 세워 주는 것으로 인한 청년 실업의 상실감, 피폐함 때문에 현실을 직시해 봤지만 결국 건질 것이 없는 벽에 부닥치는. 그렇지만 사실 저는 '멈추면 비로소 보인다', '느려도 늦지 않다', '방황해도 괜찮다', 이런 것들이 현실 도피하게 만드는 것은 아닐까 염려됩니다. 특별히 스님들의 책들에서 이런 열풍이 나타나는데 이런 제목에서 보듯이 불교 스님들이 할 수 있는 말이라고 생각합니다. 멈추면 보인다, 멈추는 것. 달팽이가 느려도 늦지 않다, 느린 것. 방황해도 괜찮다, 이거 다 느린 것. 같은 주제라고 생각되는데 사실 스님들은 멈추면 되죠, 천천히 가면. 청년들은 멈출 수 없거든요. 그런 점에서는 발제할 때 불교적이지 않다 했는데 불교적인 색채를 띠고 있지 않나 생각합니다. 예를 들면 이런 얘기도 할 수 있습니

다. 차를 타고 갈 때 보이지 않던 것들이 자전거를 타니까 보인다. 자전거를 타고 가다 보이지 않던 것들이 걸어가니 보인다, 이런 류의. 과연 오늘날 자동차를 안 타고 걸어 다니는 사람이 얼마나 되고 자전거 타고 다니는 사람이 얼마나 될지. 과연 이런 것으로 조언이 될 수 있을지 말입니다.

김근주 　　　　조언의 현실성과 연관해서 보면 오히려 이거 현실 도피 아니냐, 그래서 MB정권 이야기도 나왔습니다만, 짚어 볼 만한 부분인 것 같아요. 정권하고 이런 문제가 연관된다는 건 사회구조적인 차원이 있다는 의미인데 말입니다.

배덕만 　　　　저는 꼭 MB정권으로 보기에는 어려울 것 같고, 그렇지만 사회적인 영향이 분명히 있는 것 같아요. 지금 말씀하신 것들이 두 가지로 정리될 것 같은데 멘토라는 말 자체가 신조어잖아요. 요즘 유행하는 말이잖아요. 제가 자랄 때는 없었거든요, 멘토라는 말이. 아까도 권 교수님께서 사춘기가 뒤늦게 발동하는 것 같다 하셨는데, 우리 때는 적어도 대학교 들어가면 주체적으로 자기 삶을 개척해 나갔다 싶어요. 제 생각에 우리가 무슨 문제 틀릴 때마다 선생님 쫓아가거나 신부님 쫓아가서 조언을 듣거나 이랬던 경험이 거의 없거든요. 시행착오를 겪지만 자기 스스로 인생을 만들어 갔는데 지금은 군대 간 아이들까지도 부모가 쫓아다니면서 영향을 미치고 취업까지도 다 책임져 주면서 아이들이 스물, 서른이 됐는데도 자기 인생을 가이드해 줄 선생을 계속 쫓아다니는 것은 이 사회가 만들어 낸 입시 제도가 아이들을 머리가 큰, 누가 말하더라고요. 늙은 아이들, 주름진 아이들 이런 식으로 만든 현상 중 하나라고 생각하고, 그런 면에서 사회적인, 구조적인 문제가 있다고 생각하고요. 또 다른 면을 보면 지금 신자유주의 체제 안에서 스무 살이 넘어도 도무지 스스로 먹고살 길을 만들 수 없는 벽 앞에서, 결국 체제를, 적어도 80년대는 체제를 개혁할 수 있다고 꿈꿨지만 이제 더 공고해진 자본의 벽 앞에서 무능한 아이들, 경쟁에 진 친구들이 상실감을 가졌을 때 체제를 극복하는 대신 이 체제와 상관없이 너도 살 수 있어 하는 식으로 전략을 바꿔서 얘기했을 때 그것이 아까 얘기한 것처럼 경쟁에 낙오된 친구들한테 자기 존재 이유를 발견하게 하는 거지요. 이것은 아까처럼 저는 왜 기독교에서는 이런 멘토가 안 나오고 불교 쪽에서 나타나는가 했을 때, 기독교의 멘탈리티는 깨고 부수고 개혁하고 성취하는 거였다면 불교는 거기서 도피하는 쪽으로 갔었는데 구호성 설교나 외침이 이 시대에 비현실적으로 들리고 오히려 스님들의 말들이 훨씬 현실적 처방으로 다가오고 있지 않은가 싶구요. 그래서 불교의 메시지와 개신교의 메시지가 현재 한국 사회 안에서 호불호가 갈리는 것 아니냐 그런 생각이 드네요.

고상환　　　　그런 맥락에서 보면 노무현 정권 말기나 이명박 정권 초기에 우석훈 씨가 《88만원 세대》에서 짱돌을 들고 이 사회구조적인 것을 개혁할 수 있도록 청년들이 나서라고 한 것까지는 좋았는데, 문제는 다음에 확 방향이 바뀌었어요. 《이것은 왜 청춘이 아니란 말인가》나 《아프니까 청춘이다》, 이렇게 청춘들이 방향이 확 바뀌었다 싶어요. 그동안에는 사회구조적으로 우리가 바꿀 수 있으면 바꾸어 나가려 했는데, 다음부터는 안 나서니까 결국 그 세대들이 나서지 않는다, 거기에 저자들이 방향을 바꿔서 아프다, 청춘은 아프고 너네 괴로우니까 이제 어떻게 해라는 방법보다는 그냥 그렇게 도피해라는 관념이 점점 세지고 요즘은 아주 거기에 박혀서 너희들은 그런 인생이야. 그렇게 말하기까지 하는 것 같습니다. 어떤 분석을 보니까 그 윗 세대가 누구냐면 386이에요. 요즘 청춘들의 부모가 386세대들의 초창기 멤버이고, 아까 말했듯이 부모들이 아이들을 쥐락펴락하는 게 또 386세대의 특징과도 연결되는, 이런 구조적인 맥락들이 있는 것 같아요. 또 한 가지가 뭐냐면, MB가 장로였단 말이에요. MB가 장로였기 때문에 거기에 반대되는 사람들, 기독교적 관점으로 풀 수가 없다고 생각하는지도 모르겠어요, 청춘들이. 그래서 어떻게 보면 더 불교에 관련된 사람들이 뜰 수 있는 체제가 되지 않았나 생각해 보는 거죠.

한병선   근데 꼭 그렇지는 않은 것 같아요. 왜냐하면 지금 청년들의 부모가 386은 아닌 386 윗세대고.

김형원   맞아요.

한병선   거기는 독재에 항거하지 않은 사람들의 세대고 그렇기 때문에 갖고 있는 모든 것을 자녀들에게

넘겨주면서 이들을 보호했던 시대이기 때문에 자기 본능
이 강한 시대였고요. 그리고 사람들이 꺾이게 된 가장 큰
것은 촛불시위였던 것 같아요. 촛불시위 때 사람들이 자
기표현이라든지 자기 생각이나 이런 것을 했는데 도무지
되지 않는다고 생각이 바뀌고 꺾이고 낙심하게 되지 않았
나 생각해요. 과연 그렇다면 기독교 내에서 청년 목회를
잘하는, 성공하는 사람은 도대체 어떻게 하는 것일까? 요
새 큰 교회라고 청년 목회 잘하는 것은 아니거든요. 청년
목회를 특별히 잘하는 분들이 따로 계세요. 그런 사람들
은 어떤 트렌드를 갖고 청년 목회를 하느냐 싶어요.

배덕만   전병욱이죠.

한병선   그렇죠. (웃음)

김근주   제일 잘했던 사람이 전병욱 목사.

한병선   근데 그 청년 목회를 하는 게 특징이
있어요.

김근주		있어요?

한병선		카리스마가 강해요. 제 주변에 성공한 청년 목회자를 보면 카리스마가 강한 사람들이 성공하는 거죠. 기존 교회는 장년들에 대한 카리스마가 있다면 청년 목회에는 청년 목회에 카리스마가 있는 목회자들이 소통이나 이런 것을 원할 것 같지만 도리어 또 복종하길 원하는 거죠. 청년 시대 자체가 완전히 다른 세대라고 저는 개념을 짓고 그들에 대한 다른 분석이 있어야 되지 않나 생각합니다.

김근주		아까 우리 배 교수님 말씀하신 사교육의 부작용 이런 이야기 했습니다만 결국 마마보이인 거예요. 마마보이로 자라난 아이들이 일정한 나이가 되니까 이제 엄마는 아니고 멘토가 필요해진 거고 말씀하신 것처럼 정말 되도 않는 카리스마를 휘두를 때 오히려 순종해 버리고 고민 능력은 저하돼 있고. 뭐 이렇게 이야기될 수도 있겠습니다. 이런 식의 이야기들은 우석훈 씨 이야기 했을 때, 젊은 사람들이 반대했던 것이 우리를 바보로 아느냐 뭐 이런 것이지 않았습니까? 지금 우리 이 얘기도

어쩌면 젊은 세대들에 대해서 너네 바보 아니냐는 이야기일 수는 없나요? (웃음)

고상환　　　　청년들 만나면 첫 번째 받는 비판이 당신들은 잘 먹고 잘살지 않았냐, 그래도 당신들은.

김형원　　　　누가 잘 먹고 잘살아. (웃음)

고상환　　　　그 친구들은 기성세대를 다 그렇게 봐요. 당신들은 취직할 때 그렇게 큰 고민 안 했고 척척척척 올라가서 대학교 졸업하면 취직하지 않았냐. 그런데 지금은 봐라. 대학교 졸업했는데 취직도 안 되지 않냐. 대학원을 가도 안 되고. 이런 세대를 당신들이 상상해 봤느냐. 그리고 이건 당신들이 만든 세상이다, 벽을 확 쳐버려요. 그래서 힘든 거죠.

한병선　　　　근데 걔네의 문제는, 대학을 졸업하고 나서 일을 못해요. 걔네가 취직을 못하는 것은 일을 못해서 그러는 거지.

김근주   삐삐삐.

한병선   왜냐하면 애들이 말귀를 못 알아들어
요.

김근주   삐삐삐삐삐.

조석민   그런 분석이 가능한 건 유아적 기질을
갖고 있는 청년들이란 말이죠? 대학 강의실에서 교수랑
있었던 일을 '엄마, 교수님이 이런 말을 했어', 그러면 엄마
가 교수에게 전화를 하는 이런 상황에서 학생들, 청년들
이 자기 주체성 같은 게 없지 않나 싶고, 저는 거기에 표
를 던지고 싶어요.

한병선   제가 일을 시키려고 하는데 말귀를 못
알아듣고 자기 프로세스로 가는 겁니다.

김근주   너무 개인적인 것을 전체로 조망하는
것 아니에요?

한병선　　　　저만 그러는 게 아니에요. 경영인 모임을 하면 다들 토로하는 게, 무슨 선교단체 출신이건 여기가 선교단체인 줄 안다는 거예요. 이 사무 공간에. 그래서 그런 식으로 와가지고 저는 오늘 수요 예배를 가야 해서 빠집니다, 이런 말도 안 되는, 전혀 개념 없는, 이런 족속들이 계속해서 배출되는 거니까.

고상환　　　　근데 그 아이들은 기성세대들 너네들의 방식이라고 얘기한다니까요. 그러니까 이 갭이 줄어드는 게 아니라 지금 얘기하는 것 자체도 그들이 보기에는 너네들이 뭘 알아서 그러냐, 당신들 그렇게 아파 봤냐, 이거거든요. 근데 이 베스트셀러 저자들은 그 아픔을 잘 만져주면서 멘토를 하는 거죠.

조석민　　　　그건 어떻게 보면 사회적 극약 처방전을 써준 것인데, 잘 다독거리는 것 같지만 실질적으로는 자신을 보지 못하게 하는 거죠. 자신을 보지 못하고 나약한 존재로 만들고. 지금도 최근 학습법 중에 하나가 자기주도 학습법, 이게 나오고 있단 말이죠. 가르쳐 보니까 수

동적인 것밖에는 안 된다는 거죠. 발전 가능성이 없어요. 그렇다면 그런 가운데에서는 실질적으로 자기를 알게 하는 그리고 사회 현상을 알게 하고 자기가 현재 어디에 처해 있는지 현실을 직시하게 만드는 훈련 과정으로 오히려 이들에게 멘토를 했으면, 그런 코멘트를 해줬으면 오히려 그들이 다른 생각을 가질지 모르는 거죠.

김근주 　　　문제는 왜 그런 사람들, 우리가 이야기하는 것처럼 사회·경제적인 구조도 알고 이런 사람들은 이 청년, 청춘들의 멘토가 안 되고, 일종의 말랑말랑한 사람들만 멘토일까요? 왜 이런 사람들이 멘토가 되었을까요?

조석민 　　　그건 아주 당연한 얘기죠. 왜냐하면 지금 한쪽에서는 부드러운 접근을 하고 있는데 한쪽에서는 강한 도전을 주면 도전받기 싫어 하거든요.

김근주 　　　근데 현실적으로 강해져, 이게 옳은 거야, 안 따라오면 너 죽어, 이렇게 해버리면 결국 대화의 단절일 텐데요.

권연경   전병욱 목사가 청년들의 멘토인가요?

한병선   아니죠.

권연경   이 사람들이 청년들의 멘토라고 할 수
있나요?

김근주   뭐, (웃음) 언론에서는 그런 것 같아요.

조석민   아까 그것과 관련해서 청년 목회를 잘
하는 사람의 특징은 카리스마입니다. 왜냐하면 당연한 것
이, 자기를 확 끌어줄 사람이 필요한 겁니다. 스스로 알아
서 하시오, 당신들은 스스로 이젠 서야 할 나이입니다, 그
럼 청년입니다 하면 청년들은 싫은 거죠.

권연경   아까 우리가 사회구조 얘기도 했는데
청년들 입장에서 보면 문제가 절박한 건 사실이죠. 왜냐
하면 자기들이 풀 수 없는 문제가 있는데, 예를 들면 옛
날에는 취직 잘되지 않았냐고 얘기할 때 그건 대학 졸업
한 사람들 얘기예요. 근데 지금은 얼추 다 대학을 가잖아

요. 근데 대학을 졸업한 사람들의 이 비율을 놓고 보면 모두에게 어울리는 직장을 줄 수 있는 사회구조는 아니에요. 필요 없는 대학을 너무 많이 간 거잖아요. 하지만 대학 졸업한 애들은 거기에 맞는 직장을 갖고 싶어 하잖아요. 한정된 파이를 너무 많은 사람들이 나누어 먹어야 되는 좌절감은 청년들 입장에서는 해결할 수 없는 문제잖아요. 그런 좌절감 있어요. 학교에서 애들의 코드 중에 가장 중요한 게 취업이에요. 면담을 해봤는데 마찬가지고요. 이건 청년 세대의 문제라기보다는 사회구조적인 문제니까 이 문제를 어떻게 풀어갈 거냐는 게 이제 얘기가 되어야겠지요. 이런 문제의 또 다른 면은, 우리가 얘기하는 것처럼 지금 자란 청년 세대는 그 어느 세대보다도 훨씬 보호받고 자란 세대라는 겁니다. 보호받고 자랐다는 건 뒤집어 말하면 애 조졌다는 얘기거든요. (웃음)

그 나이에 맞는, 그 나이에 어울리는 확고한 정체성, 그 나이에 어울리는 사회적인 스킬, 그 나이에 어울리는 대인 관계나 여러 가지 모든 면에서 훈련을 못 받은 거예요. 그런 상황에서 어른은 됐어요. 하지만 역량은 못 미쳐요, 여러 가지 면에서. 심리적·관계적인 면과 여러 기술적인 면에서. 그런 상황에서 뭔가 불안감은 느끼고. 당장 그런 마음을 위로해 주는 이런 책들에 손이 가는 것은 자연스러운 것 같아요. 우리가 사교육, 공교육 이런 얘기하다 보면, 사실 교회도 그렇지 않습니까? 공교육이 잘못되니까 사교육 엄청 하잖아요. 교회 목사님 설교 시원찮으니까 집회 다니고 인터넷 뒤지고 설교 듣지 않습니까? 그것처럼 우리가 학교 다니면서 친구랑 놀면서 자라는 게 정상적인 패턴이라면 거기서 배워야 될 게 안 배워지고 갖춰야 될 거 못 갖추니까 엉뚱한 방법으로 해결해야 되는 게 지금 열풍의 한 이면인 것 같아요. 이게 실질적으로 도움을 주는 방향으로 가게 되면 괜찮다고 생각을 해요. 그런 기능이 아주 없지는 않은 것 같아요. 근데 이게 또 여차하면 좀 마약 같으니까요.

김근주   오늘 교회 청년한테, 스물다섯이니 그야말로 청춘인데 어떻게 생각하나 그랬더니 자기도 그런 책 읽어 봤고 들을 때는 참 좋았는데 불만 질렀더랍니다. 들을 때는 뜨거워지고, 하면 되겠구나, 분명한 목표를 가져라, 너 하고 싶은 것 해라, 너 안에 해결책이 있다. 아, 그렇구나, 마음이 뜨거워졌는데 막상 하려고 해보니 다 할 수 있는 것이 아니고, 부모 세대를 포함해서 어떤 사람들은 자기 하고 싶은 일을 하지 않지만 값지고 가치 있는 인생도 많더라는 겁니다. 그 형제가 한 마디로 표현하는 게, 그분들은 불만 지르는 것 같다고, 근데 그 불 이후에 대책은 없더라는 겁니다. 이거 뭐 실질적으로 현실적인 조언인가 문제 제기가 될 수 있는 것 같아요.

고상환　　요즘 기독교 청년들의 양태가 여러 가지가 있겠지만 에스더 구국운동이나 신사도운동에 흡수되는지 정확히 볼 필요가 있거든요. 그런데 갈수록 우리 청년들, 기독교의 청년들은 보수화되고 오히려 튀는 아이들이 이상할 정도로, 급속도로 어른들보다 보수화된 신앙을 많이 갖고 있어요. 한번 살펴볼 필요도 있지 않나 생각되거든요.

김근주　　그러면 이야기해 볼 것이, 결국 청년들은 동원된단 말이에요, 그런 집회들에. 동원을 할 만한 동기 부여를 그 집단들이 줬다는 거고, 계속 젊은 사람들이 이용돼요. 마찬가지로 진보적이고 개혁적이다 하는 쪽에서도, 우리 느헤미야를 제외한 나머지 단체에서도, (웃음)

결국 청년들을 대상화시키고 동원하고 있는 것은 아니냐,
이렇게 볼 여지는 없을까요?

조석민　　　실질적으로 청년들이 동원되고 에스더
기도회 등등에 모이는 것은 그들의 필요를 적절하게 채워
주기 때문이라고 생각해요. 그것은 뭐 일차원적으로 목구
멍이 포도청인데 목구멍을 채워 주는 듯한, 그리고 그것
을 통해서 뭔가 떨어지는 것이 있기 때문에 모이게 되는
거지요. 왜냐하면 저항해 보고 고민해 봤는데 자본의 벽
에 부딪혀서 더 이상 어떻게 할 수가 없고 사회구조적인
각박함 속에서 껍질을 깨고 나온다는 것은 거의 불가능
하다는 걸 발견하니까요. 그다음에 발견하는 것은 수능
을 통해서 자기가 챙길 것만 챙기자, 이런 부분이지요. 그
런 데다가 이런 멘토들은 그건 네 잘못이 아니야, 다독거
려 주니까 '맞아, 내가 잘못 안 했는데', 그러면 나도 이제
적당히 살아서 필요한 것만 챙기면 되겠지 하는 쪽으로
생각하는 겁니다. 사실 멘토의 기능이 이런 것들이 있지
않은가 싶어요. 자기 잘못은 아닌데 자기가 현재 청춘으
로서 이 시대를 보내고 있는 것, 그러나 그들이 늘 목말라
하는 것은 그래도 뭔가 자기가 할 수 있는 가능성의 발견

이지요. 그것은 이들에게 어쩌면 돈인지 모르겠어요, 실질적으로. 그러나 마이클 샌델이 번역해서 나왔지만 '돈으로 살 수 없는 것들'이 세상에 얼마나 많이 있는지 말입니다. 사실은 모든 것을 재화로 측정하는 이 시대에, 긁어모으고 긁어모은 사람 중에 너 어떤 직장이 필요해? 연결시켜 준다면 청년들은 모일 수밖에 없는 거죠. 그런 경우라면. 그런 부분들도 우리가 똑바로 봐야 되는 것이 아닌가 그렇게 생각합니다.

김형원 이런 애기를 하면 분명히 이 애기를 듣는 청년들은 애기할 거예요. '꼰대들이 또 놀고 있네.' (웃음) 분명히 그렇게 반응할 거예요. 저는 근데 그런 반응에 이미 문제가 있다고 보는 거예요. 왜냐하면 그게 벌써 세대와 계층을 구분하고, 나를 이해하지 못하는 기성세대라는 생각이 깔려 있다는 거지요. 물론 기성세대가 충분히 이해하지 못하는 부분이 있죠, 세대 간에는 어느 정도 갭은 있으니까요. 제가 그런 현상들을 죽 보면서 안타까운 건, 배울 것이 있고 기성세대에게도 귀담아들을 내용들은 있다는 거예요. 근데 지금 이들이 판단했을 때 나한테 도움이 안 되는 이야기, 내 생각과 다른 이야기하는 사람을 다 꼰대라는 이름으로 시궁창에 처박는 거예요. 꼰대라는 한 마디면 끝나요. 또 꼰대짓하고 있네 그러면 끝이에요. 이것도 새로운 현상 중 하나예요. 인간의 역사라든지 발전은 결국 옛날 지혜, 이런 쪽으로부터 계속 지혜가 축적되는 건데 딱 단절하는 순간 자기가 처음부터 지혜를, 지식을 다 세울 거냐? 그것도 못하거든요. 그러니까 현실적으로 불가능한 일인데 지금 청년들에게 나타나는 현상은 '어 그래, 너 그렇지' 이렇게 위로해 주고 마음 상태를 그대로 받아 주는 사람들은 오케이. 근데 '너 잘못됐어. 이렇게 하지 말고 이렇게 해야 돼'라고 구체적으로 얘기하는 사람들은 꼰대라고 비판한단 말이에요. 그 태도 자체가 잘못됐다고 봅니다.

또 다른 중요한 문제는, 그렇게 이해한다고 하는 사람들이 볼 때, 저는 이해하는 것도 중요하다고 보는데, 어떤 이야기를 하기 위해서는 그 사람과 내가 공감대가 형성되어야 내가 주는 조언도 받아들여질 수 있지요. 그런데 지금 유행하는 유명한 사람들의 이야기는 마약을 주는 것과 똑같은 느낌이 드는 거예요. 지금 그 틀 안에서 계속

머무르도록 만드는 현상들. 여기서 조금 더 나아간다면 거기에서 네가 조금 더 노력하면 뭔가 될 수 있다고 조언을 줘요. 이게 자기 계발서의 특징이잖아요. 그런데 조언을 읽을 때는 자기가 마치 그렇게 된 것 같아요. 아까 얘기한 것과 똑같아요. 그거 읽을 때는 가슴에 불이 일어나, 착각을 하는 겁니다. 내가 그렇게 된 것 같지요. 근데 안 되거든요. 실제로 자기 계발서를 읽고 그대로 할 수 있고 성공을 경험하는 사람은 제가 볼 때 100에 한 명도 안 된다고 봐요. 그래서 보통 출판계에서는 얘기하죠, 자기 계발서를 통해 자기 계발에 성공한 사람은 그 책을 쓴 저자밖에 없다, 이렇게 얘기하는데 난 지금 현상도 똑같다고 봐요. 그래서 유명한 사람은 김 모 교수고 나머지들은 다 그 사람 돈 갖다 준 거예요. 이런 현상들이 발생한 겁니다. 그 체제 내에서 한두 명 성공한 케이스를 가져와서 이렇게 성공할 수 있다, 그런데 넌 왜 성공 못해, 이대로 따라오면 넌 성공할 수 있어, 막 그러고 불을 질러요. 근데 애초에 성공할 수 있는 건 1, 2퍼센트밖에 안 돼요, 원래. 근데 이거는 막 광고거리예요, 교회에서 간증 세우는 거랑 비슷해. (웃음) 그다음엔 무슨 얘기를 하냐면, '이거 안 되는 이유가 뭔지 아냐, 너 탓이야' 즉 사회구조 탓이라고 생각하지 못하게 만들어 버려요, 이 구조 자체가. 그 틀 속에 들어가서 생각하게 되면, 문제는 거기 들어가서 성공한 사람도 있거든요. 거기서 예를 막 들거든요. 백악관을 기도실로 만든 링컨도 있고, 그렇죠? 십일조로 성공한 워너메이커도 있고 다 있었으니까. '어! 있구나'라고 생각하게 하고, 그게 100퍼센트라고 착각하게 만드는 겁니다. 근데 그 있는 사람은 1퍼센트도 안 되는 거거든요. 아무리 따져도 99퍼센트는 애초에 성공할 수 없는 건데 그 얘기는 다 빼놓는 거예요. 이게 보통 보수주의자들이 하는 짓이죠. 보수 언론에서 하는 짓하고 똑같은 거예요. 그렇게 말도 안 되는 한두 케이스를 갖다 놓고 "봐라, 개천에서 용 날 수 있다"고 떠들지요. 서울대 간 사람은 정말 한 사람인데 그 한 사람 딱 언급하고, 과외도 안 하고 서울대 갔다? 그 사람은 만 명 중에 한 사람일 뿐이에요. 굉장히 특수한 케이스인데 일반화시켜 버리는 거지요. 그러니까 '구조가 잘못됐다고 말하지 마라, 네가 잘못한 거다'라는 식으로 얘기한다는 거예요. 저는 이게 제일 무섭다고 봐요. 지금 청년들이 그 구조 속에 들어가서 세뇌되고 있다고 보는 거예요. 아까 얘기했던 대로 우석훈 씨가 짱돌을 들어라 얘기하는 게 갈수록 들리지가 않는 거예요. 왜 짱돌을 들어? 내가 조금만 노력하면 앞서갈 수 있는데, 여기서 취업할 수 있는데. 근데 취업하면 뭐해요? 거기서 몇 년도 버티지 못할 건데, 그걸 못 봐요, 그 몇 년 뒤를 못 보는 거지요. 나는 할 수 있다고 생각하거든요. '그 사람이 잘못된 거지, 나는 돌파해서 삼성 이사가 될 수 있어.' 이런 착각을 하고 있거든요.

김근주   또 다른 형태의 고지론이에요. 고지를 가는데 천천히 가도 괜찮다. 좀 쉬면서 자전거 타고 옆에 봐도 되고 그러면서도 고지에 결국 갈 수 있다는 의미에서 말입니다.

김형원   그 쉰다는 코드가 조금 다른 것 같아요. 그게 우스운 점이 뭐냐면, 지난번에 〈주간경향〉에서 그 얘기가 나왔어요. 혜민 스님이 얼마 전에 트위터로 누군가의 고민을 들어 줬다는 거예요. 아줌마인데 애와 놀아 줄 시간이 너무 없다고, 부모로서 너무 그러니까 혜민 스님이 뭐라고 얘기했을까요? 새벽 6시에 일어나서 45분 동안 애들과 놀아주는 거로 충분하다, (웃음) 이따위 조언을 하는 거예요. 지금 잠잘 시간도 없어서 고민을 토로하는 구조 속에 사는 사람한테 6시에 일어나서? 그럼 애는 6시에 안 자나? 그래서 트위터에서 완전히 난리가 났대잖아요.

김근주		교회에서의 권면도 그런 식인 거예요.

김형원		쉬어라, 너는 좀 비껴서 천천히 가라. 들을 때는 참 멋있어. 가능할 것 같아. 근데 먹을 거 걱정 없는 사람들만 가능하다는 거예요. 그렇죠? 백만장자들이나 가능해요. 대부분의 사람들은 들을 때는 멋져, 멋있는 로맨틱 소설 보는 것 같은 착각이 드는데 현실을 딱 보면 하루에 10분, 30분도 내기가 너무 어려워요. 그리고 이걸 멈추기 위해서 슬로우다운하면 슬로우다운이 아니라 거기서 내려야 돼. 내려야 되는 겁니다. 그냥 탈락자가 돼버리는 겁니다.

권연경		속도를 늦출 수가 없어요.

김형원		늦출 수가 없어. 그거는 뭐냐면, 전체가 지금 빠르게 달려가고 있기 때문에 동시에 협약을 해서

'우리 같이 줄입시다' 얘기하지 않으면 할 수 없는 상황인데 개인이 할 수 있는 것처럼 착각하게 만드는 거지요. 이게 플라시보 효과죠. 약 갖다주고 할 수 있는 것처럼. 근데 저는 그 사람들이 의도했든 안 했든 사회구조적으로 불순한 의도가 담겨 있다고 보는 거예요. 사회구조적인 문제에 대해서 문제 제기를 못하게 하고 모든 것을 개인화시켜 버리는 겁니다. 이런 식으로 계속 가면 거기서 이득을 취하는 사람들이 반드시 나오죠.

배덕만　　　　조금 다른 얘기일 수도 있는데, 중고등학교 아이들을 섬기는 젊은 전도사 친구랑 얘기한 적이 있는데 이러더라고요. 지금 중고등학교 다니는 아이들, 대학교 저학년 아이들 부모들이 386세대인데 이 아이들이 사춘기가 연장되어 나이가 먹어도 마마보이다, 근데 아이들의 관점에서 봤을 때 개네들의 부모인 386세대가 너무 크다는 거예요. 386을 우리 식으로 보면 6·25세대의 마지막 영향의 잔재를 갖고 자랐고, 가난에 대한 맛을 보고 자랐고, 또 정치적인 갈등 속에 부모와 달리 우리는 민주화 운동 경험이 있고, 처음으로 고등교육을 제대로 받았고 책을 가장 열심히 읽는. 한반도 역사 가운데 가장 많이 책을 읽는 세대지요. 그래서 엄마 아빠는 모르는 게 없고 고생의 의미도 알고 생존하기 위해 엄청나게 열심히 일하셨다는 겁니다. 그런데 자기들은 엄마 아빠가 만들어 가지요. 예전에 우리가 자유로웠던 것은 부모들이 우리를 돌봐줄 시간도 없었고 우리에 대해 아는 게 없었는데, 우리는, 지금 386세대 부모들은 아이들 머리끝에서 발끝까지 다 알고 있는 거예요. 그래서 삶을 다 디자인해 주고 끌고가려고 하니까 그 아이들은 조금 질문만 하면 머리통 얻어맞고 조금만 딴짓하면 게으르다 그러고 무능하다 그럽니다. 아이들은 자기들만의 사고방식이 있고 역량이 있는데 부모들은 자신들의 룰과 기준으로 애들을 평가하고 무능하다 그러고 무식하다 그러고 기회를 안 준다는 거죠. 우리도 내버려두면 엄마 아빠가 살았던 것처럼 충분히 자율적으로 잘 살 수 있는데 엄마 아빠들은 기회를 안 준다, 자기들을 바보 취급한다, 이런 얘기들을 하면서 저한테도 10대 아이들, 20대 초반 아이들을 조금 더 믿음을 갖고 봐주면 좋겠다고 말하더군요.

김형원   그런 부분 있어요, 그런 부분 있어.

배덕만   386세대의 강박증, 이런 것들에 대해서
도 비판하는 얘기를 들었거든요.

김형원   자수성가해서 성공한 사람들이 다 그
런 케이스예요. 내가 이렇게 했기 때문에 모든 걸 다 알
아, 내가 해봐서 아는데. 다 아는 거야. 다 알아. 그러니까
그 뒷세대가 힘들어지는 부분은 분명히 있어요. 저도 그
런 고민 많이 해요. 왜 지금 기성세대들, 그걸 다 겪은 세
대도 아까 얘기했듯이 치열한 세대를 겪었고, 공부도 했
고 여러 면에서 사회 의식도 있었고 교육 문제 의식도, 여
성 문제 의식도 그때 많이 있었던 사람들인데 지금 나타
나는 삶을 보면 역사가 거꾸로 가는 삶 같아요. 거꾸로
가버렸어요. 여성 문제 오히려 심화되어 버렸고, 자식 교
육에 목매달고 있고, 그전 세대보다 더 심한 거예요, 점점
더. 돈에 더 목매달고 있고. 저도 미스터리한 게 도대체
왜 그럴까, 자수성가한 사람들의 현상인가 하는 생각이
들면서 그 자식들이 그렇게 얘기할 만도 하겠다는 생각
이 들어요. 이렇게 훈련, 돌파해 내는 훈련을 시키지 못했
던 것이, 본인들이 너무 어렵게 이렇게 올라왔으니까 자식
들은 어려운 걸 안 겪게 해주려고, 자식 사랑 때문에 그렇

게 됐는지 모르겠어요.

김근주　　　40대 386들이 오히려 보수적이고 새누리당 지지하는 비율도 높아요. 문재인보다 안철수를 훨씬 더 지지하는 게 이 40대에요. 특이하게 20대는 이 둘 중에 골라라 하면 문재인을 고른다는 거예요. 이거 참 특이한 현상이에요. 386들 다 뭐하나, 어디 가서. (웃음)

김형원　　　이제 기득권이 됐다는 얘기죠.

김근주　　　그러게 말이에요.

고상환　　　그 386들, 저희 같은 사람들이 조금 안정되면 아이들에게 그걸 주입시키고, 교회에서도 주류예요. 주류가 되다 보니까 자기가 보수화되었음에도 보수화되지 않았다, 자기들 생각이 옳다고 끊임없이 주장하고 있고 그 틀에서 애들을 교육시키고 훈련시키니까 그런 점에서 아이들이 자꾸 나약해지는 거죠. 기독 NGO 보면 처음 들어오는 친구들, 개념이 없어요. 사회생활 안 하고 막 들어오면 전혀 개념 없이, 뭐 직장이라는 개념이나 자신들의 근무 태도라든지 이런 부분에 대해 완전 프리해요. 이런 현상들을 만들어 내게 된 것은 결국 어떻게 보면 딱 짜인 틀에서 어떤 일탈을 맛보는 것도 될 수 있고, 기기묘묘한 상식들이 만연한 것 같아요.

조석민　　　　　저는 이런 현상들이 문화 현상, 정치·사회적인 현상과 무관하지 않다고 보거든요. 정치적 기대와 문화적인 기대가 있었지만 그것이 한꺼번에 허물어지면서 역사를 거꾸로 돌린 듯한 맛을 보고 좌절감 속에서 지속적이고 집중적으로 공략을 당하니까 이제 세상은 이렇게 살아야 하나 보다 하고 결론 내린 듯한 착시 현상이 일어난 것 같아요. 그런 점에서 설교도 전과는 달리 복음적인 설교가 아니라 위로의 설교, 긍정적 사고가 지배적이지요. 기독교 쪽에서의 멘토 책이라고 한다면, 조엘 오스틴의 《긍정의 힘》이라든가, 그것보다 거슬러 올라가면 로버트 슐러, 그 이전에 노먼 빈센트 필의 《적극적 사고방식》, 이게 쭉 흘러내려 왔는데 한때 좀 물러가 버렸달까? 그런데 다시 들어왔습니다. 그게 뭐냐면 《긍정의 힘》이지요. 얼마 팔렸습니까, 지금? 그것도 백만 부 이상 팔렸죠?

그게 사회 현상의 하나인데 정치 현상과 문화 현상과 맞물려 결국 계속해서 허상을 보게 하는데, 당신들 할 수 있다, 그리고 당신들의 책임이 아니기 때문에 얼마든지 당신의 날개를 펼쳐라, 어디서? 우리가 정해 준 틀 안에서. 그게 현재 정치·문화 현상이 나타나는 마당 안에서만 펼쳐지는 것이 아닐까 싶어요.

한병선   그렇다면, 그거 다 인정하는데, 그들은 어떻게 해야 돼요? (웃음)

조석민   그들에게는.

한병선   그들은 어떻게 해야 되나, 나는 그게 제일 중요한 거 같아요.

조석민   가장 중요한 것은, 정치 판도가 바뀌면 한 번에 바뀔 수 있습니다. 바뀔 수 있다고 봅니다. 왜냐하면 정치가 바뀜으로 역사를 바꿔 보려고 했었죠, 교육 바꿨죠, 모든 문화나 방송 매스컴 다 바꿔 놨죠. 이게 다시 돌아온다면 여기서부터 새로운 출발이 시작된다고 봐요.

김근주   이거 우리 만만치 않은 주제이고 사실
시간이 더 필요한데, 우리가 더 할 수는 없을 것 같아요.
어쩌지요? 이제 막 도착했는데 말입니다.

고상환   이 아픔을 어쩌란 말이냐.

배덕만   다음에 이것만 하지요. 기독교적인 멘
토링.

김근주   그럼 어떻게 살자는 건가, 무얼 우리가
함께 나눌 것인가, 이것이 문제입니다. 오늘은 일단 여기
까지. 아, 다음 어떤 내용을 해야 될지 다들 겁나 궁금해
하실 것 같아요. 오늘은 여기까지입니다. 애쓰셨습니다.

청춘, 멘토, 힐링___

두 번째 이야기

본 방송은 2012년 9월 26일 아이튠즈 팟캐스트에 업로드된 내용입니다.

김근주   자, 느헤미야 팟캐스트 시간이 다시 돌아왔습니다. 박수~
언제나 하던 것처럼 돌아가면서 오늘 참여하신 분들 소개하는 시간을 갖겠습니다.

조석민   에스라성경대학원대학교 조석민입니다.

전성민   전성민입니다. 오늘은 조용히 할 거예요. (웃음)

배덕만   복음신대원의 배덕만입니다.

고상환   느헤미야 사무처장 고상환입니다.

한병선   네, 한병선 PD입니다.

김근주   오늘도 사회를 맡은 김근주라고 합니다. 지난 시간에, 청취자 여러분들 기억하실지 모르겠습니다. 힐링, 이거 어떻게 봐야 되느냐에 대해서 이런저런 이야기가 있었습니다. 요즘 힐링 추세들에 대해서, 그 문제점들에 대해서 이런저런 이야기가 있었습니다. 오늘 이어서 하고 싶은 내용은 그러면 어떻게 하자는 건가, 그러면 힐링 대세에 대해 어떤 입장으로 어떻게 미래를 열어 가야 될 것인가, 아주 복잡한 주제들이 있는 것 같습니다. 자, 지난번에 전성민 교수님은 계시지 않았습니다. 전 교수님께서는 평소 힐링에 대해 어떻게 생각하십니까?

전성민　　　　죄송한데…… 저는 아무 생각이 없어요. (웃음)

고상환　　　　힐링이 필요하네요.

전성민　　　　제가 〈힐링캠프〉를 주로 보잖아요? 얘기 열심히 하는 거 보았다는 정도밖에는. (웃음)

김근주　　　　좋습니다. 〈힐링캠프〉의 문제점은 뭘까요? 그렇게 하면 힐링이 되나요?

전성민　　　　재미있던데요.

김근주   재미는 있습니다.

전성민   자기 얘기를 하잖아요, 자기 얘기를. 자기 얘기를 하고 어떻든 속에 있는 얘기를 솔직하게 꺼낼 수 있다는 게 저는 도움이 되는 것 같아요.

김근주   자기 이야기를 솔직하게 꺼내기, 그게 결국 요즘 힐링 서적들의 기본이라는 말이에요. 너 안에 다 있다, 너 안에 해결책이 있고 너 자신이 남과 상관없이 또렷한 목표를 가지면 된다.

전성민   진짜 그래요?

김근주   그래요. 김난도 교수 책도 그렇고, 정말 그래요. 그러면 되는 건가요?

전성민   안 읽어 봐가지고 진짜 모르겠는데.

김근주   괜찮아요. 네, 방금까지 전성민 교수님의 얘기였습니다. (웃음) 어떻습니까?

전성민		진짜 생각없어요.

김근주		아, 그렇군요. 그러면 배 교수님께서는?
너 안에 해결책이 있다는 말에 대해서요.

배덕만		저는 상당 부분은 있다고 봅니다. 결국
사람이 하는 일이니까요. 지금 그런 책들이 유행하거나
그런 방법이 유행하는, 또 그것들로 열광하는 것 중에 하
나는 청년들이 기가 죽어 있다는 거죠. 여러 면에서. 네가
기가 죽어야 될 존재는 아니고 네가 생각하는 것보다 훨
씬 능력이 있다는 것들을 일깨워 준다는 측면에서 중요한
것 같아요. 그러나 우리가 아는 것처럼 실은 개인이 자각
해서 해야 할 부분이 있고, 또 사회구조적·제도적·문화
적인 면에서 같이 가야 될 영역들이 있는데 〈힐링캠프〉
나 힐링 신드롬은 대부분 틀이라든가 전체에
대한 언급 없이 개인주의, 개인의 각성, 어떻게
보면 뉴에이지 운동과 같은, 그러한 것으로 흘
러가는 건 분명한 한계죠. 그러나 또 그 나름대

로의 가치가 아주 없다고는 보지 않습니다.

김근주   그렇군요. 철저히 개인에 초점을 두고
개인이 그 난관들을 잘 돌파해 나가고, 사실 그 점에 의
의가 있겠죠. 나 자신의 가치를 발견하게 하고 이 힐링 서
적들도 다들 남과 비교하지 마라는 얘기는 하는 것 같고.

조석민   근데 실질적으로 힐링에 대해 생각할
때 과연 청년들이 자신을 힐링의 대상자로 인식하고 있는
지, 정말 내가 힐링이 필요하다 생각하는 걸까요? 오히려
힐링당하는 사회 속에서 나는 힐링 받아야 돼, 이렇게 생
각하게 되지 않았을까요? 만약 그렇다면, 네 안에 답이
있다, 네 자신에서부터 해답을 찾아라는 말이, 자기가 누
군지도 모르는 상황에서 과연 도움이 될까요? 쉽게 얘기
하면 자신에게 정직해야 할 판인데, 정직하게 자신을 들
여다볼 만한 동기나 환경이나 모티브가 주어질지 그것도
좀 생각하면서 대화를 해야 하지 않을까요.

고상환   지난 시간에 우리가 나눈 것처럼 사회
적으로 시대적으로 힐링, 치유하는 거 아닙니까? 특별히

마음을 치료하고 이런 것들이 번성하게 된 요인 중에는 사회적, 시대적으로 어려운 시대고 특별히 우리 청년들이 희망이 없다, 여기서 출발하는 거죠. 그런데 희망을 줄 수 있는 대상들이 어떻게 보면 없죠. 그러니까 결국은 대중적으로 나와서, 티브이에 나온 사람을 보면서 같이 치유받는 듯한, 이런 것으로 공감대 형성하고 그것이 정치적으로까지 연결되는 고리가 된 것 같아요. 이번에 런던 올림픽에도 〈힐링캠프〉가 가서 선수들에게 어떤 기분이냐고 인터뷰하는 걸 보면 이 열풍이 당분간 사그라지지 않는, 시대적인 하나의 상징이 될 것 같습니다.

배덕만		저는 최근 제일 아쉬운 것이, 단적인 예를 들어 〈힐링캠프〉를 얘기할 때 거기 출연한 사람들이 거의 런던 올림픽에서 금메달 따거나 스포트라이트를 받은 사람들이라는 거죠. 이름도 없는, 노메달의 수많은 친구들, 정말 4년 동안 애썼던 선수들은요.

김근주		힐링이 필요해.

배덕만		그런 친구들은 그런 대상에 포함되지

않았어요. 또 다른 힐링 프로그램에 나온 사람들도 다 1급 스타거나 성공한 사람들이고요. 또 이런 생각도 들어요. 김난도 교수가 그 책을 썼을 경우 그분이 만났던 친구들, 서울대 학생들일 거라는 거죠, 대부분. 서울대 근처도 가보지 못하고 졸업 후에도 서울대 아이들과 삶의 질 자체가 출발선이 다른 아이들은 그 이야기에서 논의조차 되지 않고 있죠. 어찌 보면 그 책을 사서 읽을 수 있는 마음의 여유조차 없거나 돈도 없는 친구들은 사실 이런 담론들에서 근본적으로 배제되어 있거든요. 누가 정말 힐링이 필요하느냐 하는 면에서 보면, 이런 운동, 이런 신드롬 자체가 제일 중요한 힐링의 대상들을 배제한, 또 경쟁에 이긴 사람들이 서비스로 치료를 받는 느낌들이 든다는 거죠.

김근주 　　　　실제로 김난도 교수님 책에도 보니까 누군가가 찾아와서 상담하는데 가장 큰 고민이 지금 우리나라 굴지의 기업에서 취업 제안이 왔는데 이걸 내가 거절하고 교수가 될 길을 기다릴까요, 말까요? 이게 조언의 대상이고, 김난도 교수님이 "네가 정말 교수가 되는 걸 중요하게 생각한다면 거절하고 기다려라. 시간 강사의 불안함을 견뎌라", 뭐 이렇게 권면했다는 겁니다. 굴지의 기업에서 취업 제안이 들어온다는 자체가 사실은 낯설 것 같아요.

고상환　　　　엄기호 교수 책에서는 그런 게 안 나타나거든요. 교수의 책은 지방 캠퍼스 학생들을 대체적으로 얘기하는데 그것이 어떻게 김난도 교수로 가면서 주류적인 사람들로 옮겨가게 되었는지 모르겠어요. 그러면서 그것이 확 바뀌었어요. 예전에는 우석훈 교수 얘기했고 엄기호 교수는 어느 정도 가다가 어느 날 김난도 교수로 넘어가면서 확 분위기가 바뀌었고, 〈힐링캠프〉가 주류적인 이 시대의 아이콘적인 사람들을 초청해 내고 그들을 치유한다고 하지만 실은 그 사람들을 보면서 열광하고 우상처럼 되는 거지요.

김근주　　　　사실 대리만족이죠. 위인전 읽으면서 나도 이렇게 돼야지 하고 꿈꾸는 것과 힐링, 멘토라는 사람들을 보고 뭘 배웠다는 것이 어떤 차이가 있나요?

배덕만　　　　요즘 〈힐링캠프〉 나오는 사람들

 그게 오
히려 그 사람들이 갖고 있던 기존의 패키지라든가 혹은
상품성에 인간성 혹은 인간애가 첨가되면서 그 사람의
가치라든가 폭을 확대시키지요. 어찌 보면 나랑 크게 다
르지 않은 것 같다는 환상들을 시청자들은 품게 되요. 그
러나 그 사람과 우리는 완전히 다른 거죠. 고소영이 나와
서 울었다 하지만 대한민국의 대부분 사람들이 고소영과
아주 다른 삶을 살죠. 자기 남편이 장동건도 아니고 강
남에 빌딩도 없고. 그런 면에서 착시현상을 불러일으키는
것 같아요.

조석민   실질적으로 힐링 캠프를 열지만 힐링이
필요한 사람에게는 전혀 힐링이 되지 않는 겁니다.

전성민   근데 〈힐링캠프〉가 주제였어요? (웃음)

김근주   김난도 교수님 애기가 나왔었지요. 그

러니 요즘 힐링이라는 건 멀리 보이던 위대한 사람들, 어릴 때 위인전은 전부 그분들의 백절불굴의 의지였던 건데 요즘은 그들의 인간적인 측면이 부각된다는, 그 차이겠지요. 그래서 좀더 우리 일반 대중과 가까울 수 있다는 정도일 것 같은데 그마저도 사실은 대부분의 사람들은 다 다를 수도 없고 미칠 수도 없어요. 힐링의 신화들이 분명한 목표를 가져야 한다지만 목표 가진다고 다 가질 수 있냐? 그거 아니지 않습니까? 제가 어디 강의 가면서 이야기하는 게, 대한민국에 주거 이전의 자유가 있냐? 없다는 거예요. 헌법에는 있지만 아무리 어디 가서 살고 싶어도 못 삽니다. 직업 선택의 자유가 있냐? 당연히 자유가 없어요. 자유가 없는데 우리 헌법은 자유가 있다 하기 때문에 이런 것들이 너무 현실과는 거리가 먼 허상이기 쉬운 것 같아요.

배덕만   그래서요, 그래서 대안은.

고상환   근데 이 부분에서 지난번에 문제점을 던졌던 게 뭐냐면, 과연 그럼 교회는 청년들에게 그런 것을 줄 수 있느냐? 그 사람들을 힐링할 수 있느냐? 그리고 청년 사역자들이 이런 부분을 잘 받아서 그 부분에 희망을 주고 메시지를 줄 수 있느냐? 이게 주요 타깃이었던 거죠.

김근주   이런 경우 교회들은 하나님께 의지하고 순종하면 네 꿈을 이룰 수 있다, 이렇게 격려하는 것이 교회의 역할이죠. 세상이 제시하는 목표나 방향점, 이것에 대해서는 아무런 차이가 없습니다. 단지 해결하는 방식을 기도하고 순종하고 헌신하면 경험할 수 있다는 겁니다. 이거 사실 효과적으로 잘 전할수록 청년 사역이 잘되는 교회이지 않은가 싶기도 해요. 어떻습니까, 우리 전성민 교수님께서는? 예, 전 교수님 잠깐 나가셨습니다. (웃음)

고상환   정신이 나가신 거죠? (웃음)

김근주   너 안에 해결책이 있다, 이것도 그렇고 우린 결국 세상이 요구하는 걸 고스란히 기독교적인 버전으로 표현할 뿐인 것 같습니다. 남들은, 예수 안 믿는 사람들은 자기 주먹 가지고 노력해서 가는데 기독교인들은 걸핏하면 신의 힘을 의지하니 이건 백 쓰는 것하고 무슨 차이냐? 이런 이야기를 하기도 합니다만 문제가 있지 않을까 싶어요. 어떻습니까?

조석민　　　　　그 청년들에게 '네 안에 해답이 있다. 그것을 찾아라'고 할 수도 있겠지만 반대로, 정면 돌파를 하도록 해야 하지 않을까요? 위로해 주고 다독거려 주고 희망이 있다, 소망이 있다 하면서 무지개만 계속 포개줄 것이 아니라 지금 이 젊은 시절에 고난이 따르고 힘들고 역경이 있지만 그래도 그것을 끝까지 견디면서 대안은 없지만 그 시기를 거쳐 가야 되지 않을까 말해야 할 것 같습니다. 그런 부분들이 힐링에 앞서 더 필요한 것이 아닐까 싶어요. 왜냐하면 젊어서 고생은 사서 한다는데 실질적으로 고생을 일부러 하지는 않지만 이미 고생하는 것은 거부하는 경우가 많으니까 그런 부분들도 좀 생각해야 되지 않을까 싶어요. 지금 많은 사람들이 전면에 부각된 것은, 다 잘되고 사회적으로 인정받는 사람들이 모델로 나오는 상황에서 오히려 청년들에게 힐링의 효과보다는 좌절감을 맛보게 하거나 자신은 미치지 못하는 이런 상황에서 쓴맛을 느끼게 하는 그런 모습은 아닐까요.

고상환   예전에 교회에서 설교를 하면 보통 그
럽니다. 요셉이나 모세나, 이런 아주 힘 있는, 성공한 인
물을 중심으로, 너희도 이렇게 하면 이룩할 수 있다, 이렇
게 말해요. 제가 청년 강의를 가보니까 이런 생각이 들더
라고요. 보니까 대학 3학년, 4학년들이 모두 근심하고 있
어요. 도무지 어떻게 살아가야 할지를 모르는데, 아주 잘
나가는 사람들 예를 들면서 이렇게 하면 이렇게 될 수 있
다, 못하겠더라고요. 어떻게 하면 평범한 삶을 잘 살아 낼
수 있는지 이야기해 줘야 하는데, 그 부분에 대한 훈련이
되어 있지 않은 것 같아요. 성공한 사람들 롤 모델을 제시
해 주니까 청년들하고는 갭이 생기는 거죠.

한병선   제 이야기를 좀 해보겠습니다. 저희
아이가 그러더라구요. 엄마, 나 힐링이 필요해.
고2가 무슨 힐링이 필요합니까. 개는 주변에서
하도 힐링, 힐링 하니까 조금만 무슨 일이 일어
나면 힐링이 필요하다는 생각을 하는 거예요.
자기가 돌파하거나 견뎌야 하거나 이런 부분을 생각하지
않고 즉각적인 만족, 즉각적인 위로, 즉각적인 것들이 사
실상 필요한 체제로 가는 거예요. 그런 메커니즘으로 가

는 거죠. 대학생 강의도 가고 기업 초년생들도 보면 그들의 가장 큰 문제점은 두려움이에요, 두려움. 사실 성공과 실패가 처음부터 쫙 100퍼센트 실패, 이런 것이 아니라 성공과 실패를 반복해 나가면서 성공하는 법을 배우는 건데, 아이들은 여태까지 자기가 선택해서 결정한 적이 없고 언제나 부모에 의해서 결정되어 왔기 때문에 자기가 무엇을 선택한다면 100퍼센트 성공해야 한다는 강박증이 있고, 거기서 실패하면 자기 인생은 끝이라는 그런 두려움이 많은 거예요. 그래서 무엇을 할 때 굉장히 두려워해요. 이거 해서 실패하면 어떡하나. 사실 성공과 실패는 우리가 알 수 없어요. 살다 보면 10년쯤 가서야 비로소 성공한 사람과 실패한 사람이 나뉘는데, 그 사이에 성공과 실패를 계속 반복하면서 성공하는 방법을 배운다는 걸 몰라요. 어느 날 딱 선택했을 때 성공한다고만 생각하지 이 방법을 배우기 위해 10년, 20년을 노력해야 된다는 것을 모르는 게 가장 큰 문제가 아닌가 싶어요. 조금만 힘들어도 힐링을 해야 될 것 같은 강박증, 위로해야 될 것 같고요. 자기가 무엇을 견뎌서 노력해야 한다기보다는 외부로부터 위로받고 자기가 선택한 것에 대해서 괜찮다고 안심시켜 주고, 이래야 된다는 생각들, 이런 것이 그들을 더 나약하게 하지 않나 생각해요.

김근주   그 점에서 사실 성공이나 실패에 대한 개념 자체가 헷갈립니다. 사실 대표적인 것이 선교사님들일 것 같아요. 이번에 한병선 피디님 미국 가셔서 《이름 없는 선교사들의 마을, 블랙마운틴을 찾아서》도 쓰시게 되었습니다만, 이런 선교사님들, 조선 땅까지 와서, 사실 이 가운데 얼마나 한국에 와서 복음 사역에서 흔히 말하는 성공을 경험했을까 싶어요. 근데 이분들의 삶을 우리가 어떻게 성공이니 실패니 평가할 수 있을지 모르겠어요.

한병선   제가 이분들에게 던지고 싶었던 첫 번째 질문이 이거였거든요. '당신들은 왜 한국에 왔습니까?' 이들이 온 시기가 6·25 후였어요. 전쟁이 끝나자마자, 혹은 끝나기 전에 오신 분들이거든요, 대부분. 당신들은 미국에서 상위 4퍼센트? 그것도 의대에 가서 공부할 확률은 아주 적거든요 특히나. 왜 한국에 오셨습니까 물으면, 자기는 하나님의 소명을 받았다는 거예요. 소명을 갖고 20년, 30년, 40년 한국에

 하나님이 자기에게 주는 역할을 자기가 알고 있기 때문에 그것을 완수하는 데 남하고 비교하지 않는 거죠. 저는 사실 상당히 도전을 받았어요. 우리 식으로 하자면 서울대 의대를 나오신 분이 아프리카 말라위에 가서 20~30년 사역하고 오신 거예요. 왔는데 집도 없고 아무것도 없는데 이 사람이 그것에 대해서 감사하고 내 소명을 다했기 때문에 내 역할을 다했다고 고백하는 겁니다. 우리 사실 그렇게 안 보죠. 되게 찐따 같은 짓이다, 왜 저 짓을 해야 되지? 서울대 의대 나왔으면 지금 병원장 정도 해야 되는데 왜 이렇게 사느냐? 이게 우리가 갖고 있는 생각이고, 크리스천도 다 그렇게 생각하고 있거든요. 돈 많이 벌어서 헌금하면 되지, 왜 네가 직접 가서 그 고생을 하느냐? 이게 우리의 전반적인 정서인데, 그렇지 않았다는 데 저는 사실 도전을 받았고, 이런 모습에서 저는 어떻게 살아야 될지 방향성을 잡을 것 같거든요.

김근주   가서 만나 보신 선교사님들 가운데 미
국에서도 그다지 잘나가지 않는 분인데 조선 땅에 와서
삶을 다 드린, 그런 분들도 있나요?

한병선   있죠. 그중에 대표적인 분이 한국에서
태어나 'MK'(선교사 자녀)로 살았기 때문에 좋은 대학에
갈 수 없는 분도 계셨어요. 그분은 간호대학을 나왔는데
그 간호대학이 유명한 데가 아니었어요. 한국전쟁에 와서
피난민들을 돌봐 주고 80이 넘으셨는데 인터넷에서 선교
사역을 계속 감당하시는 분을 보고 존경심이 들었어요.
아, 이분은 자기 존재를 아는구나. 저는 그런 삶을 살아야
되지 않을까 생각하거든요.

전성민   (들어오면서) 제가 왔습니다. (웃음)

김근주   예, 어떻습니까?

전성민   저는 20대 청춘들이라고 얘기할 때는

기본적으로 제가 너무 모르기 때문에 조심스러워요. 아까 배 교수님 잠깐 말씀하셨지만, 개인적인 문제를 떠나서 한국 사회의 총체적인 문제가 얽혀 있다는 생각이 들고요, 그중에 하나는 실패에 대한 두려움이라 얘기하셨지만, 두려울 수밖에 없는 게 한국 사회는 실패를 허락하지 않는 사회……

김근주   그렇죠.

전성민   그런 사회거든요. 한번 실패하면 그냥 끝나는 느낌을 받으니까, 뭐 수가 없죠. 제가 보기에 가장 중요한 것 중의 하나는 비교의식의 문제인 것 같기는 한데요, 남들과 비교하지 않아야 하는 건데 사실 한국 사회에서는 그걸 극복하며 사는 게 거의 불가능한 사람들이 만들어지는 게 아닌가, 저는 이 문제에 있어서는 비관적이고 동정적입니다. 우리가 이렇게 이렇게 해야 되지 않냐? 나약하지 않냐? 말하는 건 제 입장에서는 꼰대 같은 느낌이 드는 거죠. 저는 이 방송 들으면 20대 분들이 너네가 뭘 안다고 그러냐 말할 것 같아요. 근데 그런 상황을 우리가 건드리기 어려운 것은 굉장히 많은 것이 꼬여 있기 때문이라는 생각이 듭니다. 왜냐면 자라면서부터 당장 비교가 되잖아요. 당장 비교시키고 비교하고, 이러니까 어려서부터 이게 내재화, 내면화될 수밖에 없다는 생각이 쉽게 들거든요. 그래서 뭐라고 감히 얘기를 못하겠어요.

김근주   뭐라 얘기 못 하겠다?

전성민   한 가지 얘기를 해보자면, 아까 잠깐 나왔지만 평범해도 괜찮다. 얼마든지 행복할 수 있다.

김근주   대부분은 그러니까요.

전성민   왜냐면 사실 저도 대학, 청년부 생활 하면서 소명, 비전 이야기했지만, 그때는 몰랐지만 사실 소명, 비전 얘기하고 뭐 선교사, 사역자, 그렇게 되는 사람 별로 없거든요. 다 직장에 들어가서 월급 꼬박꼬박 받을 수 있는 정규직이면 행복하거든요. 그런 사람이 대부분이 란 생각이 들죠. 근데 거기에 충분한 의미가 있다는 것들 을 확인시키는 게 더 급한 게 아닌가 생각이 들어요.

한병선   근데 그렇게 정규직, 월급이 꼬박꼬박
나오는 직장을 들어가기가 어렵다는 게 가장 큰 문제죠.

전성민   그것도 어렵죠. 정규직이 꿈인 사회가
안타까우면서도 어느 정도 이해는 가고요.

김근주   그런 점에서 지난번에 이야기할 때도
했습니다만, 그래서 저는 젊은 사람들이 사회구조적인 인
식을 꼭 할 필요가 있다 싶어요.

전성민   그건 중요한 것 같아요.

김근주   내가 왜 이런 현실에 처해 있나
며 자꾸 개인의 문제로 보는 걸 넘어서게 만드
는 것이, 사회가 지금 이런 시스템이 있다는 걸
알게 될 때, 놀랍게도 사람을 자유케 하는 게
있어요. 나를 자유케 하고 더 큰 눈으로 보게 되면서 내
문제를 상대화하게 되고, 그래서 자신의 가치를 발견하고
좀더 큰 눈으로 보게 하는 게, 사회구조적인 인식, 그리고
신앙인 것 같아요. 신앙 안에서 서게 되면 좀더 큰 그림을

그릴 수 있다는 점에서, 특이하게도 영적인 인식과 지극히 사회·경제적, 사회구조적 인식이 접점이 생길 수 있는 것 같습니다.

전성민　　　굳이 좀 사회적 이야기를 해보자면, 사실 지난주에 동기가 위암으로 유명을 달리해서 장례식에 갔다 왔는데 거기서 동기들 만나서 이야기를 나누었습니다. 사실 보니까 저희 세대는 집안 배경이 어떻든 나름대로 성실하면 삶을 꾸릴 수 있는 환경이었죠. 직장도 어느 정도 잡고 결혼도 하고 자녀도 가질 수 있는. 지금은 성실하다는 문제로 해결되지 않는 거지요. 개인적으로.

김근주　　　그렇죠.

전성민　　　해결되는 사회가 아니라는 거죠, 더 이상. 그것을 네가 용기가 없다, 실패를 두려워한다, 소명을 못 받았다, 확인하지 못했다, 욕심이……. 이렇게 몰아붙이기에는 만들어져 있는 상황이 너무 열악하다는 생각을 하게 돼요.

조석민　　　　　　그것을 한 개인에게서 문제를 찾게 만들고, 책임 추궁을 하면 대안이 없다고 봐요. 그런 점에서는 좀 전에 전성민 교수님이 말씀하신 것처럼, 사실 청년들이 현실을 인식할 수 있도록 여러 정보를 제공하는 대안들, 그리고 그런 삶이 왜 생겼는지에 대한 역사 인식을 분명하게 해주고, 사회구조를 인식하게 함으로 자신들이 스스로 어디에 처해 있고 왜 여기까지 왔는지 원인을 찾으면 자유로움과 해방감이 있지 않을까 합니다. 그런 점에서 네 안에 방법이 있다는 식의 이야기를 하기보다는 현실을 있는 그대로 직시할 수 있도록 여러 정보를 제공하거나 청년들이 획득할 수 없는 정보들을 제공함으로 그들이 있는 위치를 알게 하는 것도 방법은 되지 않을까 생각합니다.

전성민　　　　　　제가 지난주에 없었고 지금도 잠시 나갔다 와서 이렇게 생각이 정리가 안 됐던 것 같은데 짧게나마 듣고 생각해 보니까, 힐링 열풍의 문제가 뭐냐, 이렇게 물어 보면 문제를 개인적으로 해결하게 만드는 경향이다 싶어요. 잘못도 너에게 있고 너가 치유될 수 있고, 이렇게 개인으로 한계 짓는 게 본질적이고 핵심적인 문제인 것 같습니다.

김근주	지난주에 얘기했지만 천천히 가면 보이는 게 달라진다는데, 문제는 내가 천천히 갈 동안 사람들이 쌩 지나가기 때문에 다음에는 미친 듯이 더 뛰어야 되는 현실인 거죠. 천천히 간다고 해결될 문제도 아니고.

조석민	힐링은 그렇다면 개인을 힐링할 게 아니라 사회구조를 힐링해야 되는 거겠지요.

김근주	젊은 엄마들이랑 이야기한 적이 있는데, 제가 어디 가든 사교육에 굉장히 비판적이지 않습니까? 그랬더니 젊은 엄마들이 한다는 얘기가 그건 목사님 생각이라는 겁니다. 우리 같은 경우 이 아이들을 키우는 게 일도 많고 중요하고, 가령 국가가 이 일에 조금만 시스템을 갖춰도 엄마들이 아이한테 안 매이고 자기 삶을 감당할 수 있다는 거예요. 결국에는 구조인 거죠. 제도가 조금만 개선되어도 엄마들이 자기 삶을 훨씬 풍성하게 살아 낼 수 있다는 점에서도 저는 그 엄마들 달래거나 위로하거나 격려하거나,

꿈 가져라. 이거 백날 얘기해 봐야 소용없는 거지요. 아이들을 국가가 맡아 줄 수 있고 키워 줄 수 있는 시스템 갖추는 게 정말 필요한 힐링인 것 같아요. 그 점에서 지난 5년간의 세월이 심란했던 세월일 수 있겠습니다만, 다음 정부를 기대한다면 이게 좀 나아질 수 있으면 좋겠다 싶기도 하죠.

전성민   저녁이 있는 삶이 됐으면 좋겠어요. (웃음)

배덕만   지금 교회 안으로 얘기를 끌고 들어오는 거죠. 실은 우리가 더 신학적인 사고를 하고 성경적으로 세상을 보고 교회가 존재하는 의미, 목적, 비전을 조금만 냉철하게 반성하면 결국 시대의 사조 혹은 정신이라고 하는 것이 성경적 가치와 얼마나 조화하는가, 그런 것 안에서 교회가 어떤 기능을 할 것인가, 고민이 됩니다. 그런 면에서 어떻게 말하면, 물론 교회 안에서도 도시 안에 주류 교회가 있었고 저항하는 수도원 공동체가 있었고, 또 주류 공동체 안에 늘 개혁하고 그 체제에 저항하려는 분들이 있었다 싶어요. 적어도 80년대 이후로 한국 교회가 신자유주의에 깊이 들어가게 되고 정치와 밀착된 다음부터 고지론 등 기존 체제 안에서 모범적이고 성공적이고 유능한 아이들 키워 내는 정신적 지원센터로 기능해 왔다는 게 큰 것 같아요. 한국 사회가 과도하게 물질화되고 유물화되는 것에 목사님들이나 교회가 저항하면서 대안 문화를 만들거나 운동을 하려는 대신 체제 안에서 어떻게 더 빨리 서핑할 것인가, 파도타기를 할 것인가에 치중하면서 테크닉 혹은 시스템들을 축복해 온 거죠. 그러다 보니까 교회 안에 모여 있는, 경쟁이나 문화에 생존할 수 없는 친구들은 교회 안에서도 위로라든가 돌파구를 찾지 못하는 것입니다. 그래서 어쩌면 이런 시대와 정신, 사회적 구조를 성경적으로 냉철하게 보면 금방 보이는 기만성을 교회가 비판하지 않고 면죄부를 줘버리고 별동부대로 존재하는 게 가장 큰 문제인 것 같고요. 그러다 보니 이 시대에 교회가 줘야 할 저항의 메시지라든가 대안은 교회에 부재하고, 계속해서 그런 데 총동원시키는 게 한국 교회의 제일 큰 문제이지요. 그런 면에서 고지론 이야기를 하는 교회들도 결국 강남에 있는 명문고 다니는 아이들 모여

 저는 그런 면에서 이 시대에 힐링 문제 앞에서 교회가 본래의 자리로 가서 한국 문화에 대한 대안, 저항, 예언자적인 자리를 어떻게 확보할 것인가, 그 일에 동참할 수 있는 젊은 아이들을 어떻게 끌고 갈 것인가, 이게 제일 심각한 문제 중 하나가 아닌가 생각합니다.

김근주 　　　 그런 것 같아요. 듣고 보니, 결국 자본주의 체제에 딱 맞는 사람들을 양육해 내는 대학이나 사회 시스템이 있는데, 여기에 약간씩 처지는 사람들을 치유해서 다시 체제에 잘 적응하도록 도와주어 결국 체제 유지에 멋진 기능을 하는 게 힐링인 것 같아요. 결국 우리가 함께 모여서 힐링을 넘어서 보자 한다면 결국에는 배 교수님 말씀하신 대로 대안 문화가 뭔지, 우리가 바라는 대안 세상이 뭔지, 이렇게 이야기가 될 것 같아요. 어떻습니까? 각자는 교회에서, 아까 전 교수님 얘기도 참 좋은 얘기였죠, 우리가 청년들에 대해 이러쿵저러쿵 말하기는 좀 꼰대스러운 것 같습니다. 이 점을 유념하면서, 그런 비판들이 이 방송 후에 빗발칠 것을 각오하면서 젊은 동역자들에게 어떤 말을 할 수 있을까요? 이제 15분 남았습니다만, 좀더 꼰대스럽게 이야기할 게 있을까요?

조석민   지금까지 청년들이 여러 문제를 안고 교육되고 양육돼서 현재 청년세대가 이렇게 왔는데 자기 스스로 정체성을 확립하고 분명한 역사인식, 이런 것을 가져야 되지 않을까요? 마치 주사 맞고 금방 해결될 것처럼 힐링을 사용할 것이 아니라 성경이 가르치는 기본적인 원리에 주목해야 할 것 같습니다. 성경은 한 번도 경쟁을 유발하거나 경쟁에서 이기라는 말이 없는데, 그런 가치와 신학을 교회는 계속 가르치고 있으니 말입니다.

김근주   좀 구체적으로 본다면, 경쟁 세상인데 직장에 취직한 형제는 승진에 대해 아무런 기대를 갖지 말자, 이런 의미가 될까요?

조석민   승진에 대한 기대를 갖지 말자는 것이 아니라, 승진을 위해 온갖 노력을 하는 것이 아니라 주어진 일을 어느 정도 상식선에서 충분히 해내면 승진이 자연스러운 결과로 주어지면 받고 그렇지 않으면 어려울지라도 승진 못하는 것도 받아들여야 하는 사회가 되어야 하지 않을까 싶어요. 그런데 승진이 된다고 해서 항상 좋을까요? 물론 돈으로는 훨씬 좋고 직급도 그렇지만, 그 반대의 경우도 있지 않을까요? 점점 퇴직자들이 퇴직을 안 하고 연봉이 줄어들고 오히려 1년 계약직으로 돌아서거나 하는데 그런 부분은 달라지지 않을까 생각합니다. 그러나 우리가 계속 승진해야 되고 높은 자리에 올라가야 되고 많은 돈을 벌어야 되고 여기에 초점 맞추면 다른 대책은 참 어렵다고 보죠. 무엇을 볼 것인가? 현재의 직급, 현재 갖고 있는 돈, 정말 행복하고 기쁘고 만족하면 그 이상 없지 않을까요? 만약 자기가 하는 일 외에 다른 곳에서 행복하고 기쁘고 만족하는 것이라고 착각하고 쫓아간다면 어쩌면 무지개를 쫓아가는 것 아닐까 생각합니다. 그런 점에서는 청년들이 자기 인식을 분명히 하고 역사에 긍정적인 흔적 남기기와 때로는 부정적인 흔적일지라도 다른 사람이 그것을 통해 배우는 교훈이 있을 테니 그런 자신감을 갖고 살아가는 모습이 필요하지 않을까 생각합니다.

고상환   근데 문제는 그게 현실감이 떨어질 수

있는 게, 승진을 못 하면 나락으로 떨어져 버리는 경우가 많이 생기거든요.

김근주   두 번 승진 안 되면 퇴사해야 되고.

고상환   한 번 정도 누락되면 모르는데 두 번째 누락된다? 당연히 사표를 써야 하는 것으로 받아들이게 되고, 정규직이면 비정규직으로 가야 될 수도 있는 냉혹한 현실에 놓인 사람들에게 이러면 안 된다고 할 수 있겠느냐? 여기서 저희 세대와는 다른 아주 경쟁적인 것이 유발되죠. 이 아이들에게 교회는, 우리는 뭐라고 말해야 되느냐는 거죠. 새로운 길을 찾으라고 할 수도 없고. 이런 고민들이 잘 녹아나지 않으면 진짜 아까 말한 꼰대짓이 되죠. 우린 안 그랬는데 니들은 이래야 한다는 식의 강요가 될 수 있어서 이게 참 어려운 것 같아요.

조석민   경쟁 사회에서 승진과 관련된 여러 가지를 그냥 수용한다면 신학적 대안이나 제약이 필요 없어요. 그 삶을 살아가면 되는데 여기는 반문화적·반사회적인 정신으로 살아가지 않는 한 기존 체제에서는 함께 살아가기 어렵다고 보죠. 근데 필요하면 부정적인 방법도 사용해야 되고, 아무리 신앙이 좋은 도덕적인 사람일지라도 이미 사회 자체가 비도덕적 체계 속에 있기 때문에 'Moral Man in Immoral Society' 속에 있으면 그건 불가능한 일이죠, 어떤 점에서는. 경쟁 구도를 탈피하는 일, 그렇다면 때로는 과감하게 탈출할 수도 있어요, 제가 볼 때는. 그래서 지도 밖으로 나가라고 하는 책을 쓴 사람 같은 경우, 여러 별난 사람들이 있거든요. 이게 아니면 이제 자기는 죽음밖에 없다, 더 이상 갈 길이 없다 했는데 잡고 있던 것을 놓으니까 새로운 줄이 잡히더라, 이런 얘기를 하는데 거긴 대단한 용기가 필요하겠죠. 근데 청년들에게 어쩌면 그런 용기가 좀 필요하지 않을까요, 지금 현재.

고상환   최근 제 주변에 그런 일이 좀 있었는데, 상사의 비리나 이런 부분을 참지 못하고 반항하는 사람이 결국은 좌천되고.

전성민   눈앞에도 있어요. (웃음)

고상환   비리나 범행을 저지른 사람은 온전하
고, 그것을 고발하거나 정의를 외치던 사람은 좌천되거나
직업을 잃는 극단적인 상황에 내몰리는 거죠. 이런 일들
이 빈번히 일어난다는 것은 상당히 심각하지요. 평범하게
살고 싶은데 평범할 수 없는 세상, 이걸 어떻게 설명해 줘
야 되는 건지 말입니다.

조석민   교회가 그런 사회적 희생자들, 구조적
희생자들을 받아서 새로운 일을 할 수 있게 하는 일은 필
요하다고 봅니다. 그런 점에서 교회가 울타리 치고 예배
드리고 기도회하고, 성경 공부하는 정도가 아니라 사회적
기업에 대한 대안도 마련하고 그들을 끌어들이는 일들을
좀더 적극적으로 해야 할 것 같아요. 교회가 해야 할 일
을 그저 예배, 기도 몇 가지로 정해 버리니까 상당히 적은
일이 되고 만다고 생각합니다. 그래서 교회가 청년들을
흡수해서 해야 할 일들을, 그 지역에서 그런 일들을 개발
하면 어느 정도 아이디어가 모아지지 않을까요.

고상환		그런 면에서 청년 사역자들에게 부탁하고 싶은 것은, 청년들을 부흥의 대상이나 어떤 객체로 봐서 담임목사로 가기 위한 성공 포인트로 이용하지 말고, 그들의 아픔을 진지하게 끌어 낼 수 있는 지도자들이 많이 나와야 될 것 같아요. 지금은 극단적으로 청년 지도자들이 아이들 수를 불리기 위해 비신학적인 방법으로 아이들을 꼬셔 내고 분위기를 조성하고 해서, 그러니까 아이들이 그런 위로를 교회에서 찾지 못하니까 자꾸 외부에서 찾게 되고 다시 아주 퇴폐적인 것에 빠질 수도 있고 혹은 다른 방향을 찾게 되는데, 사실 그 부분을 우리가 진지하게 요구해 볼 필요성은 있지 않느냐, 이런 생각을 해보는 거죠.

조석민		동감합니다. 실질적으로 지금 청년들을 이용하는 셈인데 사실 그렇게 되면 자기 위치를 더 확고히 하고 안전하게 할 수 있지요. 그러나 사회 변혁의 구심점에 있는 모임과 단체를 보면 무슨 무슨 청년단, 무슨 무슨 청년협력단, 주로 이런 모습들이 많이 나타나는데 오히려 그런 쪽으로 청년들을 풀어 주고 열어 주는 일이 좀 필요하지 않을까 싶어요.

배덕만   너무 신앙적인 얘기일지 모르지만 목사이기 때문에 신앙고백 차원에서 얘기할 수밖에 없는데요. 우리가 선교한국 등을 통해서 많은 친구들이 해외 선교사로 헌신했다는 거죠. 아름답고 훌륭한 일인데, 그때 우리가 뭘 믿었냐 하면 오지에 가더라도 하나님께서 안 굶겨 죽이신다, 그 일을 감당할 능력을 주신다는 비전이 있었거든요. 그게 성령 체험이고 하나님에 대한 믿음이고요. 근데 우리가 선교사로 들어가야 할 영역이 해외선교사뿐은 아니지요. 지금 한국 사회 구석구석에 들어가서 다시 고쳐 세우고 힐링을 해줘야 될 일들이 있는데 모두가 삼성과 서울대를 바라보는 사회에서는 아무도 안 가려 한다는 거죠. 근데 저는 그 자리가 성령 받은 젊은 청년들이 헌신해서 자기 삶을 드려야 될 공간과 영역이라고 생각합니다. 그렇다면 교회에서 사회에 필요한 영역들이 무엇인지, 마치 아프리카 어느 지역에 선교사가 필요한 것마냥 한국 사회의 젊은이들이 희생 제물로 자기를 드려야 될 영역이 무엇인지 교회가 연구하고 그 아이들이 그곳에 가서 승진하지 못하고 경쟁에서 낙오되더라도 거기서 흘리는 피가 하나님 나라를 위하여 제물이 된다는 것을, 그래서 비전을 주고 헌신하도록……. 누가 그런 말을 해요. 한국 사회는 이미 안 굶어 죽는다는 겁니다. 하다 안 되면 와서 주유소에서 기름 넣으면 돼요. 그럴 각오를 하고, 안 되면 내가 노가다를 뛰겠다는 생각을 갖고 우리가 선교사 되고 선교 가기 위해서, 단기선교 가기 위해서 노가다를 뛰어 가지고 선교비 만드는 것처럼 말입니다.

좀더 자발적으로 모여 가면 박원순 씨가 말한 것처럼 한국 사회에 필요한 직업이 삼성 말고도 수천 가지가 있고 거기에는 성령 받고 헌신한 친구들 아니면 들어가지 않는 영역들이 있는데, 그 부분들을 제시해 주고 그곳으로 나아갈 수 있도록 격려하고 동력화시키는 것이 청년 사역자들이 해야 될 일들이 아닐까요? 비현실적이라 할지 모르지만 언제 뭐 예수쟁이들이 현실적이었습니까? 우리는 현실적이어서 신학교 가고 이러고 있어요? 그렇지 않거든요. 저는 우리가 그런 부분에 조금 더 자신감을 갖고 믿음으로 밀어붙이면 좋지 않겠는가 생각해 봅니다.

김근주   결국 손쉽게 아무것도 잃지 않은 채 구

조적인 문제에 대응하고 힐링도 되고, 이런 길은 없는 것 같아요. 결국에는 내려놓아야 되는 것이 있고 내려놓은 다음에 무얼 하느냐가 관건이겠습니다만.

전성민　　　여기서 제가 이걸 하면 약간. (웃음)

김근주　　　해보세요.

전성민　　　저는 이런 고민이 되면 개인적으로는 소시민적일 수도 있는데 그래도 생각할 필요가 있는 게, 이런 상황에서는 전도서가 참 좋다는 생각을 하거든요. 집사람이 가끔 '인생 왜 사나' 이런 말하면 제가 '전도서 읽어라' 이렇게 얘기하거든요. 예를 들면 이런 말씀이 있 거든요. '평생에 그가 하는 일이 괴로움과 슬픔뿐이고 밤 에도 그의 마음이 편히 쉬지 못하니 이 수고 또한 헛된 일이다 사람에게는 먹는 것과 마시는 것 자기가 하는 수 고에서 스스로 보람을 느끼는 것 이보다 더 좋은 것은 없 다 알고 보니 이것도 하나님이 주시는 것 그분께서 주시 지 않고서야 누가 먹을 수 있으며 누가 즐길 수 있겠는 가?' 어떤 때는 소시민적인 상황에 자족할 수 있는 것. 그것도 중요한 비결의 하나가 아닐까?

김근주   소시민적인 삶에 자족할 수 있다면.

전성민   소시민이란 말이 나쁜 말이 아니죠.

김근주   그렇죠.

전성민   우리의 평범함에 자족할 수 있는 것은
누구에게나 주어질 수 있는 복이 아닐까 하는 생각이 듭
니다.

김근주   오늘 전 교수님은 계속 평범을 추진하
고 있습니다만 참 좋은 것 같아요. 멘토들의 비범함에서
자유로워지는 길이기도 할 것 같고요.

전성민   물론 배 교수님 말씀하신 것, 그게 있
는 것은 맞구요.

배덕만   제가 말한 것도 다 1등이다 이런 거 아

니죠. 아까 말한 것처럼 구석진 작은 땅에도 있습니다. 우리가 어딜 가야 된다는, 이걸 좀 내려놓으면 훨씬 많은 것들이 눈에 보일 거고요, 그건 또 우리가 믿음 고백하면 할 수 있는 일들 아닐까요.

전성민　　　아까 얘기한 것, 전도서 2장에 있는 말씀이었습니다.

김근주　　　한마디 나눈다면 지난번에 카리스마 얘기 잠깐 나왔습니다만 결국 청년 사역은 어디로 가야 되느냐? 카리스마 있는 목회자가 있으면 청년 사역이 된다는 게 지난 시간의 대략적인 이야기였습니다만 그 점에서도 참 유감스러운 것 같아요. 왜 젊은 사람들이, 저도 청년 때 그랬던 것 같습니다만, 카리스마적인 사람을 쫓아다닐까요? 아까 누가 얼핏 이야기했습니다만 계속 부모 슬하에 있는 거죠. 누가 가르쳐 주면 좋겠고, 누군가가 나 좀 휘어잡아서 이리 가라 저리 가라 일러 주면 좋겠다는 겁니다. 계속 어리광 부리는 것이 어쩌면 카리스마적인 사람을 쫓아다니는 큰 이유이지 않을까 싶어요. 그러다 보면 그 사람이 어떤 일을 해도 상관이 없는 지경까지 가버린다면 문제일 것 같아요. 우리 교우와 동역자들에게도 나누고 싶은 것이, 카리스마 쫓아다니지 마라는 겁니다. 겁나게 센 사람들 겁나게 잘난 사람들 만날때, 늘 권하고 싶어요. '지나 내나.' 잘난 당신이나 나나 별것 없다, 그 마음을 가지고서, 그거 쫓아다니지 말고 우리끼리 고민해 보고 검토해 보고 기도해 보고, 이런 것이 필요하지 않은가 싶기도 합니다.

예, 시간이 마무리되고 있습니다. 한마디들 하시죠.

전성민   우리 시대의 힐링 교과서는 전도서다.
(웃음)

김근주   전도서 보면 힐링되는 거죠?

전성민   저는 전도서에서 보여 주는 영감이 중요하다고 생각합니다.

김근주   알겠습니다. 예, 마지막으로 한 마디 더 드리자면 아까 잠깐 이야기 나왔습니다. 그렇게 이름 없이 살아간 우리 신앙의 선배들이 참 많다는 점에서 한병선 간사님, 배덕만 교수님, 전성민 교수님, 이만열 교수님까지 멀리 미국 곳곳을 다니면서 선교사님들의 발자취를 살펴보시고 쓴 책이 《이름 없는 선교사들의 마을, 블랙마운틴을 찾아서》입니다. 한번 생각해 볼 거리를 던져 준다 싶습니다.

전성민   책 제목인 거죠?

김근주   예, 책 제목입니다. 홍성사에서 나온 것 같군요. (웃음)

고상환   홍성에서 나온 것 아니고?

김근주   오늘 느헤미야 팟캐스트 힐링 그 두 번째 시간. 지난 시간에 비해서 오늘 힐링의 해결책들이 있었는지 모르겠습니다. 청취하시는 분들은 다른 견해가 있으면 언제든지 느헤미야에 어떤 식으로든 항의하시고 문제제기해 주시고 혹은 지지 의견도 보내 주시면 좋겠습니다. 느헤미야 팟캐스트 오늘은 여기까지입니다.

세습__

첫 번째 이야기

본 방송은 2012년 11월 5일 아이튠즈 팟케스트에 업로드된 내용입니다.

전성민   예, 기독연구원 느헤미야 에고에이미 시간이 돌아왔습니다! 오늘 주제는 세습입니다. 이 주제를 같이 논의하기 위해 오늘은 특별 게스트를 모셨습니다. 특별 게스트부터 자기 소개를 해주시고, 돌아가면서 어느 분들이 참석하고 계신지 잠깐 이야기해 주시면 감사하겠습니다.

남오성   느헤미야의 구원투수 남오성입니다. 연구위원도 될 뻔했는데 지금은 실행위원으로 섬기고 있습니다.

전성민   지금 현재 하고 계신 일 잠깐.

남오성   아! 저는 지금 교회개혁실천연대 사무국장 임기 끝입니다! 그다음부터는 제가 섬기는 일산은혜교회 청년부에서 전임으로 사역하게 됩니다. 주변 분들로부터 공부를 마저 끝내라는 압력을 강하게 받고 있어서, 부담 가운데 어떻게 해야 되나 고민 중이기도 합니다.

전성민   자기 소개를 역대 가장 길게 해주신 분

이 되겠습니다. 이번 달이라고 얘기한 것은 10월을 말씀
하신 건가요, 아니면 11월을 말씀하신 건가요?

남오성   (2012년) 10월입니다. 며칠 안 남았습니
다.

전성민   저희가 이 세 습 팟캐스트를 올리는 것
은 11월 중일 테니.

남오성   그러면 그때는 제가 교회개혁실천연대
와 상관없겠군요.

전성민   소개는 이만하고 다음으로 갑시다.

권연경   소개는 이렇게 하는 것입니다. 연구위
원 권연경입니다

김근주   예, 김근주입니다.

전성민   지금 사회를 보고 있는 전성민입니다.

고상환   저는 세습을 안 한 고상환입니다.

김형원   김형원입니다.

한병선   한병선 PD입니다.

전성민   오늘 세습에 관한 얘기를 나누는데요.
먼저 세습의 현황, 즉 어떤 일들이 벌어지고 있는지 간략
하게 듣고 시작하면 좋을 것 같습니다. 이에 대해 오늘 게
스트로 와주신 남오성 목사님께서 이야기해 주시지요.

남오성   대개 97년에 있었던 충현교회
세습, 그러니까 김창인 목사님이 아들 김성관
목사한테 세습한 것을 가리켜 세습 1호라고들
합니다. 물론 95년에 대구서문교회 이성헌 목사가 아들
이상민 목사한테 담임목사직을 물려준 사건이 있기는 합
니다. 그러나 대개들 충현교회를 세습 1호라고 알고 있습
니다. 워낙 이슈가 커서 그런 것 같습니다. 그때
부터 사람들이 이거 문제 있는 것 아니냐 생각
하기 시작했고, 그 안에 문제점이 있다는 생각

을 하기 시작했습니다.

1차로 폭발한 것이, 2000년 4월 광림교회입니다. 김선도 목사의 아들 김정석 목사를 담임목사직에 세운다는 결의를 공식적으로 발표한 겁니다. 그 바람에 교회 내에 그리고 교단 내에 반대가 아주 거셌습니다. 교회 홈페이지에 반대 글이 뜨니까 홈페이지도 닫아 버리고 그랬지요. 교단 내에도 반대가 컸습니다. 같은 해 9월 세습반대 기독단체연합, 기윤실 등도 힘을 모아 반대 활동을 합니다. 그때 기윤실을 비롯해서 〈복음과상황〉도 열심히 참여했구요. 청년대학신문 〈새벽이슬〉, 기독교여성협의회, UBF(한국대학생성경읽기선교회)도 그때 반대 운동에 참여했습니다. 자료를 보니까 당시 서명자가 3,477명이나 되었습니다. 2000년부터 시작해서 2001년까지 광림교회 사태가 사회적인 이슈가 되었고요. 2003년에는 CCC와 소망교회에서 세습이 단행됩니다. 이 두 건은 약간 편법으로 사위 세습과 100억대 개척 교회 세습, 이런 식으로 이루어졌습니다. 그러다 보니 잠잠하긴 했습니다. 그다음부터는 사회적인 큰 이슈가 되기보다는 개별 교회 내에서 논쟁이 이어지는 양상으로 가다가, 지난 6월 이 문제가 다시 떠오릅니다. 계기는 충현교회 김창인 전 담임목사의 발언입니다. 경기도 이천에서 열린 원로목사님들 예배 모임 자리에서 갑자기 '세습 회개한다'라고 합니다. '교회를 무리하게 아들 김성관 목사에게 물려준 것을 일생일대 실수라고 생각한다, 이것이 하나님 앞에 큰 잘못이었다, 사과 시기가 늦었지만 더 늦기 전에 나의 잘못을 한국 교회 앞에 시인하는 것을 마지막 사명으로 생각한다', 이런 발언을 해서 교계에 큰 이슈가 됐죠. 바로 그다음 달에 이에 대한 반응이 나옵니다. 이게 참 재미있어요. 이게 보면, 시계추가 왔다 갔다 하는 것처럼 세습 반대 쪽으로 한 번 갔다가 세습 찬성 쪽으로 갔다가 그러는 겁니다. 탁구 치듯이. 김창인 목사님이 그렇게 나오니까 한기총에서 성명서를 내서 "후임 목사를 세우는데 세습이라는 명칭을 쓰는 것은 옳지 않다, 청빙이라고 해야 된다, '교회 승계' 이런 것은 부적절하다"라고 태클을 겁니다. 그러더니 이제 김홍도 목사가 조선일보 2012년 9월 1일자 22면에 전면광고로 아주 빼곡하게 본인의 설교문을 게재합니다. 제목이 뭐냐 하면, '시기가 왜 무서운 죄인가'였고, 내용을 보면, '인간의 시기를 잘 다스려야 된다, 시기를 잘 다스리지 않으면 엄청나게 무서운 결과가 온다, 근데 세습을 하면 인간을 죄 짓게 하는 시기를 막을 수 있다'는 것이었습니다. 왜 세습이 시기를 막느냐 하면, 다른 목사가 왔고, 목사가 목회를 잘하면, 전임목사가 봤을 때 후임이 목회를 잘하면 시기 질투가 난다는 겁니다. 근데 아들이 세습하게 되면 그걸 막을 수 있다는 거지요. 아, 할렐루야!

김근주   한 마디로 생쇼를 하고 있는 거지요.
(웃음)

남오성   장난 아니에요. 괜히 김홍도 목사가 아닙니다. 목사도 사람인지라 후임으로 오는 목사가 너무 잘하면 질투가 나는데, 아들이나 사위가 되면 흐뭇한 마음이 들어서 나쁜 마음이 생기지 않는다, 반면 전혀 관계 없는 사람이 후임이 되면 서로 시기하는 탓에 교회가 편하지 않다는 겁니다.

전성민   그게 지금 설교 광고문을 그대로 읽어 주신 거죠?

남오성　　　　　　그렇습니다. 거기에다 대고 옛날에 세
습반대 운동을 열심히 하셨던 김동호 목사님이 발언하신
겁니다. 김동호 목사님이 페이스북 열심히 하시지 않습니
까? 광고문 게재 후 며칠 있다가, '이건 거의 영
적 치매 수준'이라는 발언을 했어요. 그랬더니
며칠 있다가 김홍도 목사가 내용증명을 발송하
죠. 사과하지 않으면 명예훼손으로 고발하겠다
고요. 근데 김동호 목사님이 곧바로 대응하시기
를, '사과하지 않겠다. 대대적인 세습반대 운동
에 나서겠다' 선언하신 겁니다.

전성민　　　　　　김홍도 목사님은 김홍도 목사라고 부르
고 김동호 목사님은 김동호 목사님, 이렇게 부르시네요.

남오성　　　　　　둘이 헷갈려요, 김홍도 동호, 디귿 히읗
이래 가지고요.

전성민　　　　　　호칭을 통일하죠. 그래도.

남오성　　　　　　편하신 대로. 사실 김홍도 목사님한테

옛날에 은혜 많이 받았거든요. 부흥회 가서 제 아내가 방언 받은 것도 김홍도 목사님에게였어요. 제 아내가 가톨릭에서 넘어왔을 때 그런 일이 있었지요.

권연경   그건 김홍도 목사한테 받은 게 아니라 성령님한테 받은 거지. 무슨 말을 그렇게. (웃음)

남오성   깨갱. 그러고 나서 9월 25일 김홍도 목사가 뒤통수를 맞죠. 감리교가 세습방지법을 교단에서 통과시켜 버린 것입니다. 내용이 뭐냐 하면, 부모가 담임자로 있는 교회에 그의 자녀 또는 자녀의 배우자는 연속해서 동일 교회에 담임자로 파송될 수 없다는 것이었습니다. 참고로 감리교는 여성안수를 주기 때문에, 아들, 딸, 사위, 며느리 다 포함됩니다.

권연경   그럼 중간에 누가 끼면 되는 건가요?

남오성   그러니까.

고상환   할아버지가 손자한테 주면?

김근주   손자는 되는 거지.

일동   우우.

권연경   그렇게 한 명 끼웠다 빼면 되는 건가
요?

남오성   거기 가서 물어 보시는게.

전성민   바로 이어서는 안 되는 것이겠지요. 여
기 '연속해서'라는 표현이 있으니까.

김근주   그러니 한 다리만 건너자는 것일 수도.

전성민   중간에 한 다리 건너가면 괜찮은 거예
요(실제로 2013년 2월 기독교대한감리회 임마누엘교회는 다른
목사를 잠시 담임으로 세웠다가 김국도 목사의 아들 김정국 목
사를 다시 담임으로 세워 편법 세습을 완료했다).

남오성   그럴 수도 있군요. 그리고 부모가 장로

로 있는 교회에 그의 자녀 또는 자녀의 배우자는 담임자로 파송될 수 없다는 것도 있습니다. 이렇게 감리교가 결정하고, 안을 올렸을 때 언론들이 막 떠들었어요. 그때만 해도 에이, 설마 되겠냐 했죠. 근데 투표하고 뚜껑을 열어 보니까 390명 중에 245명 찬성, 138명 반대로 통과됐습니다. 그래서 교회개혁실천연대나 기윤실은 잘했다 환영 성명 발표하고, 조중동, 경향, 한거레, 3대 방송국 일제히 대대적으로 보도하죠. 근데 또 이틀 있다가 찬물을 끼얹는 것이 왕성교회, 길자연 목사님이지요. 거기서 세습 결의를 합니다.

권연경	감리교는 할 사람 다 했다 이 말인가, 그러면?
일동	그렇죠. 다 한 거예요.
남오성	좀 있다가 나오는데요.
권연경	미국이 핵무기 다루는 것과 비슷한 거

군요.

남오성   사다리 걷어차기.

김근주   자기들은 올라간 다음에? 이런 나쁜.

남오성   왕성교회 당회가 99명 중에 85명 찬성
으로 일단 통과시켰고, 그리고 진짜 이게 공교로운 것이,
10월 2일날 김창인 목사님이 돌아가세요.
타이밍이 참 오묘합니다. 왜 이 말씀을 드리냐 하면, 김
창인 목사님은 충현교회 원로셨어요. 그런데 아들 김성관
목사가 원로목사를 쫓아냈어요. 아버지 목사를.

전성민   그러면 더 이상 원로목사님이 아니셨던
거예요?

남오성   네. 2000년 1월 17일 김성관 목사가 린
치를 당해요. 근데 김성관 목사가 배후에 아버지가 있다
고 이야기해서, 대예배 설교 때 그렇게 이야기해서 아버지
에게 모욕을 줘서 아버지를, 원로목사를 쫓아냈어요. 일

종의 패륜이죠. 그렇게 되니까 김창인 목사님이 거목인데 완전히 힘들게 되신 거잖아요. 그때 의리의 길자연 목사님께서 그 김창인 목사님을 왕성교회 원로목사로 받아들이셨어요. 그러니까 뭐냐면, 김창인 목사님이 돌아가셨을 때 충현교회에서 장을 안 지냈어요.

전성민   원로목사님이 더 이상 아니니까.

남오성   왕성교회에서 많이 오셔서, 왜냐면 자기 교회 명예 원로목사님이시니까. 근데 재미있는 건 김창인 목사님이 마지막 남기시고 떠난 말씀이 '세습하지 마라'라는 겁니다. (웃음) 그렇게 돌아가셨는데 닷새 있다가 왕성교회 공동의회가 10월 7일 세습 통과 결의를 합니다. 그런데 그때 1,530명이 참석했어요. 이 교회가 7, 8천 명 모인다고 하는데 말입니다. 하여간 찬성 1,035, 반대 441, 이렇게 통과 가능한 수에서 열다섯 표를 더 얻어 가까스로 통과됩니다.

권연경   회의는 언제? 주일날?

남오성   주일 오후 2시. 그런데 제가 후문을 확
인했는데 길자연 목사님이 많이 충격을 받으셨다네요. 당
연히 95퍼센트 될 줄 알았는데 턱걸이로 통과되어 일각
에서는 재검표하자, 무효표까지 따지면 이거 3분의 2 맞
냐, 이런 얘기 나올 정도였답니다. 당일 교회개혁실천연대
가 교회에 가서 1인 시위를 하고, 큰 충돌도 있었습니다.
끝난 다음 개혁연대, 기윤실에서 왕성교회 세습 반대한
다고 성명서 발표했지요. 세습 결정도 평양노회에서 최종
인증을 받아야 돼요. 그래서 개혁연대와 기윤실이 평양
노회가 열리는 분당까지 내려가서 반대 기자회견을 했는
데, 이게 임시노회로 밀렸어요. 14일 전에 안건이 올라와
야 되는데 8일밖에 안 남았다는 이유였는데, 분위기가 그
래서 그런 건지 하여간 밀렸어요. 아직은 처리가 안 되었
습니다. 아! 하나만 더 말씀드리면, 지금 현재 교회개혁실
천연대, 기윤실, 바른교회아카데미를 비롯한 단체들이 김
동호 목사님과 함께 뜻을 모아 준비하고 있고, 이르면 11
월 초에 대대적인 세습반대운동연합 출범 및 설문 조사,
학자적인 연구, 도서 발간 등의 다양한 프로그램을 준비
하고 있습니다. 김동호 목사님이 페이스북에 계좌번호 하
나 알려 줬을 뿐인데 수천만 원의 성금이 모아졌고, 세습

반대 운동이 상당히 힘을 받고 있는 것 같습니다. 그러다 보니 그런 와중에 이런 방송을 하게 되면 왠지 세습이 논쟁거리인 것처럼 오해될 여지가 있지 않을까 불편한 마음을 가지고 왔습니다.

전성민　　　　논쟁거리는 아닌 거다, 이거지요?

남오성　　　　논쟁하자는 것은 아니고.

고상환　　　　논쟁하지 않는다는 얘기는 무슨 얘기인 거예요?

남오성　　　　찬반논쟁이 가능한 사항인 것처럼 오해되지 않을까 하는 거죠.

전성민　　　　논쟁의 여지가 없는 건이다, 이건 지금.

권연경　　　　우리한테는 논쟁의 여지가 없지만 실제로 자행되고 있잖아요. 또 현실을 우리가 무시할 수는 없는 거니까.

남오성   일단 여기까지가 사건 보고.

전성민   제가 한번 짚었으면 좋겠다는 생각이
드는데, 이걸 세습이라고 부르는 것과 승계라고 부르는 것
이 현실적인 차이가 있나요? 남 목사님도 그렇고, 남 목사
님뿐만 아니라 주변에 있는 분들 이야기를 들어 보면, 세
습이라고 부르는 것 자체가 부정적인 인식을 주는 것이라
고 하잖아요? 찬성하거나 가능하다고 하는 쪽에서는 세
습이란 말 붙이지 말고 이건 정당한 승계라고 해야 한다,
이렇게 이야기하는데, 어떻게 보아야 할까요?

남오성   한 1년 됐나요? 〈목회와신학〉에서 '청
빙 어떻게 할 것인가, 목회자 리더십 이양 어떻게 할 것인
가' 연구를 했어요. 그때 사용한 표현으로 '공모', '추천',
'승계'가 있었습니다. 공모는 공개모집, 추천은 추천을 받
아 후임자를 세우는 것입니다. 승계는 두 종류가 있는데,
자녀 승계와 부목사 승계가 있습니다. 부목사가 승계하는
교회도 있거든요.

고상환   온누리교회.

남오성　　　　　그에 비해, 세습이라고 했을 때 이 말의
어감은 정당한 리더십 이양보다는 엄청난 기득권이 포함
되어 넘어가는 세속적인 일이라는 개념이 물씬 담겨 있다
고 할 수 있지요.

전성민　　　　　다른 분들 생각은 어떻습니까?

권연경　　　　　세습이라는 말이 정확한 것은 아니잖
아요? 세습은 외적인 형태를 말하는 건데 그나마 공식적
인 것도 아니고, 사람들이 느끼기에 세습이라는 거지, 사
실 공동의회도 거쳐서 이루어지잖아요. 절차상의 하자는
없을 수도 있어요. 우리가 세습이라고 부르는 것은 절차
가 별 의미 없을 정도로 배후에 다른 힘이 작용하는 경
우들, 그걸 세습이라고 부르는 것입니다. 북한의 세습처럼
요. 가장 근접한 모델을 들자면 재벌들의 경영
권 승계를 들 수 있겠는데, 그런 세속 현상을
지배하는 패러다임이 교회 세습을 위한 프로그
램 역할을 하고 있는 것 같아요.

남오성　　　　　북한의 경우도 그렇잖아요, 북한.

권연경   그렇지요. 그런데 실제로 신학적으로 논의하기 시작하면 세습이라는 말이 별로 효과적이지 않은 것 같다 싶기도 해요.

전성민   세습이라는 말은 이미 가치판단이 들어 있는 표현이라서 그럴까요?

권연경   가치판단보다도, 조금 부수적인 사항이 핵심적인 것으로 내세워진 듯해요.

고상환   승계라는 것은 법적으로 보면 그런 위치에 있는 사람이 자연스럽게 계승하는 것인데, 사실 부자간에 교회를 이어받는 것은 법적으로는 승계도 아니죠. 왜냐하면 새로 청빙받아서 절차를 제대로 갖추고 이루어지는 경우가 많으니까요. 그리고 교회법적으로도 이걸 승계해라, 이런 건 전혀 없는 거예요. 승계라는 표현도 실은 안 맞는 거죠.

권연경   세습이라는 말만 너무 해버리면 본질을 놓칠 수 있습니다. 가령, 제가 아는 분도 교수의 길을 걷다가 뒤늦게 신학 공부 해서 목회를 하는데, 장인어른이 거의 말아먹은 교회를 소위 '떠안은' 거죠. 그렇게 목회를 하니까 교인들이 너무너무 고마워하는 거예요, 그런 경우에는.

고상환   부채를 승계하는 거죠.

권연경   혹은 어머니의 반대에도 불구하고 아들이 아버지 뒤를 이어서 시골 교회를 맡겠다는 경우도 있지요. 그런 걸 가지고 우리가 욕하지는 않거든요. 세습은 세습이지만 말입니다. 세습이라는 현상 자체가 실은 핵심은 아니고, 아까 말한 것처럼 부의 대물림, 부와 권력이 대물림되기 때문에 이야기하는 것입니다. 시기심 관련 이야기를 했는데, 그런 시기심을 언급한다는 것 자체가 실은 그 배후에 세속적인 욕망이 움직이고 있음을 보여 주는 것입니다. 그러니 우리가 세습이라는 현상 자체를 욕할 거냐, 아니면 세습이라는 형태 자체는 가능하지만 세습 이면의 욕망에 근거한 대물림을 다룰 거냐가 구분되어야지요.

전성민   그러면 이야기했던 대로, 기득권이란 게 맞물려 있으니까 그걸 세습이라 부르고.

권연경   제가 보기에는 세습 자체가 문제가 아니고, 우리가 욕하는 것은 세습 이전에 벌써 욕먹고 있는 사람들이에요.

고상환   그렇죠.

권연경   그런 욕먹는 사람들의 탐욕이 넘쳐 나니까 그걸 우리가 욕하는 거죠.

김형원   세습이란 단어는 어차피 중립적으로 쓸 수는 없어요. 세습이라는 말은 이미 사회학적인, 교회에서 내재된 특정한 개념이 들어 있는 거예요. 그러니까 그 속에서 통용된다는 것이고, 이미 부정적인 가치판단을 집어넣어서 얘기하는 것이기 때문에 그대로 받으면 되죠. 그렇지 않은 경우에 대해서는 우리가 세습이라는 말을 안 쓴다는 거예요.

전성민　　　　　아까 얘기한 것처럼 어려운 처지의 교
회를 아들이 이어받는 경우에는 세습이라는 단어를 쓰지
않는다는 건가요?

고상환　　　　　그것은 십자가의 길이죠. (웃음)

권연경　　　　　구약을 인용해서 '세습이 뭐가 문제야'
이러고 나오면 또 얘기가 빗나가지 않나요?

전성민　　　　　구약을 인용해서요?

권연경　　　　　구약에 기초해서 제사장직 세습
같은 것을 예로 든다는 거지요.

김형원　　　　　그건 아주 무식한 얘기죠.

권연경　　　　　그러니까요.

김형원　　　　　그럴 거리도 안 되는 거고요.

고상환   2002년인가 2003년에 소망교회 세습 반대할 때 제가 교회 앞에 가서 시위를 좀 했는데, 아, 이게 보통 일이 아니었습니다. 소망교회도 간접적인 세습이잖습니까? 희한한 세습을 하는데도, 저희 같은 사람들의 반대에 대해 교인들이나 부목사들의 그런 결기가 느껴지는데, 거의 광분 또는 미친 것 같은 것이, 북한의 세습과 똑같은 형태인 겁니다. 저희 같은 반대하는 소리들을 완전히 악마로 여기며 처단하고, 그때 사무국장 멱살 잡히고 저희들 길바닥에 내쫓기고 그런 적이 있습니다. 완전 조폭들에 에워싸였던 기억들이 있네요.

전성민   잠깐 짚어 보면, 작은 교회를 물려받은 이야기가 잠깐 나왔는데, 여기 남 목사님 준비하신 자료에 나오는 것은 대부분 큰 교회, 중대형 교회들인 거죠.

남오성   세습 사례를 좀 얘기할까요?

전성민   사례는 저희가 다 들을 필요까지 있을까요?

남오성   그러면 간략하게 말씀드리겠습니다.

김근주   청취자들도 알 겸 리스트를 죽 불러 주
시면 좋겠습니다. 저도 처음 듣는 경우들이 많네요.

남오성   전부 읽기보다는 흐름을 따라 말씀드리
겠습니다. 예장 합동의 특징은 총회장들이 그렇게 세습을
해요. 95년에 대구 서문교회 이성헌 목사가 이상민 목사
에게 세습했는데 이분이 73회 총회장이고, 충현교회 김창
인 목사는 55회 총회장이죠. 그리고 동현교회 예종탁 목
사는 86회 총회장인데 예성철 목사한테 세습했습니다. 서
울 대성교회 서기행 목사는 89회 총회장인데 아들 서성
용 목사한테 넘겼고요. 그리고 최근 총회장 하신 대한교
회 김삼봉 목사는 사위 윤영민 목사에게 교회를 물려주
었고, 길자연 목사 역시 총회장을 했는데 아들 길요한 목
사에게 세습했지요. 한기총 회장인 홍재철 목사 역시 아
들 홍성익 목사에게 세습 진행 중입니다. 이것이 합동 측
의 트렌드라고나 할까요.
또 하나 세습 트렌드를 주도하는 것은 감리교입니다. 감
리교의 그 '삼도' 목사님들, 김선도, 김홍도, 김국도. 이 세

형제 목사들이 이제 트리플로 세습한 거지요. 광림교회 김선도 목사는 아들 김정석 목사에게, 금란교회 김홍도 목사도 아들 김정민 목사에게, 임마누엘 교회 김국도 목사 역시 아들 김정국 목사에게 세습했습니다. 아까 감리교는 이미 세습할 만한 교회는 다 한 것 아니냐 이런 얘기 나왔습니다. 여기에 뺄 수 없는 것이 인천 지역입니다. 감리교가 인천에서 교세가 강합니다. 인천을 보자면, 우선 인천 숭의교회는 3대 세습을 했습니다. 이성해, 이호문, 이선목 목사로 이어집니다. 그리고 인천 주안감리교회 한경수, 한상호 부자 목사, 인천 부평감리교회 홍창준, 홍은파 부자 목사, 인천 계산중앙교회 최세웅, 최신성 부자 목사까지. 그 옆의 부천에서는 기둥교회 고용봉, 고신일 목사. 좀 떠나서 분당 만나교회 김우영, 김병삼 목사. 경신교회 김용주, 김일중 목사. 경신교회의 경우 떠나고 다른 분이 오시기는 했지요. 그 외에도 많습니다. 이런 경우는 직접 교회를 물려준 케이스들입니다. 교회 후임이 아들이냐 아니냐도 있지만 이제껏 이야기를 나눈 대로 그 교회가 담고 있는 세속적인 기득권이 세습 문제의 핵심이라 할 수 있겠습니다. 그렇게 봤을 때 직접 아들한테 물려주는 형태가 아니라 소망교회처럼 100억대 돈으로 개척시키면서 부와 명예가 옮겨지게 되는 경우도 세습 현상에 포함될 수 있겠습니다. 여의도 순복음교회 건도 마찬가지입니다. 아들이 목사가 아니니까, 〈국민일보〉를 만들고 사장에 아들을 앉혀서 거기로 부와 명예가 흘러가게 만드는 류의 세습이 있고요. 그 외에도 많습니다.

아! 또 하나 공통된 트렌드가 있군요. 세습하는 목사들은 미국에서 박사학위 받은 경우가 많습니다. 석사, 박사. 저도 그 길을 갈 뻔하다가 안 갔는데 말입니다. (웃음)

전성민   석사, 박사 끝냈으면 남 목사님도 세습을 할 수 있었군요.

고상환   할 수 있었어요, 실제적으로.

남오성   서문교회 이상민 목사, 커버넌트 신학교(Covenant Theological Seminary) 석사에다가 'International Theological Seminary'에서 목회학박사(D. Min.), 인천 주안교회 한상호 목사 오랄로버츠(Oral

Roberts University) 석사, 같은 학교 목회학박사, 광림
교회 김정석 목사 애즈베리 신학교(Asbury Theological
Seminary) 석사, 같은 학교 목회학박사, 예수소망교
회 곽요셉 목사 프린스턴 신학교(Princeton Theological
Seminary) 석사, 풀러(Fuller Theological Seminary)에서
박사(Ph.D), 경향교회 석기현 목사는 그레이스 신학교
(Grace Theological Seminary) 석사, 개혁신학교(Reformed
Theological Seminary) 목회학박사, 지금쯤 마쳤겠네요. 그
리고 동현교회 예성철 목사는 고든콘웰 신학교(Gordon
Conwell Theological Seminary)를 나오고, 풀러에서 박사
(Ph.D). 지도교수가 김세윤 교수님인가 그렇습니다.

전성민   이쯤 되면 한번 확인해 봐야 될 것 같
습니다. 전혀 자격이 안 된다거나 자격이 많이 부족하다거
나 그런 분들을 급하게 안수를 주어 물려준 경우들이라
면 논의할 필요도 없겠지만, 보통 세습하는 교회에서 주
장하는 것이, '정당한 자격을 갖춘 좋은 분이다, 그런데
단지 아들이라는 이유만으로 후임목사 되지 못한다는 것
은 역차별이다'라고 한다는 겁니다. 그 점에 관해 짚어볼
필요가 있을 것 같습니다.

김형원   그것도 말도 안 되는 이야기지요.

전성민   왜 그런가요?

김형원   생각해 보면, 이런 식으로 미국에 유학해서 자격 같은 것을 갖추는 것도 프로그램으로 진행된 거예요. 북한을 생각해 보면 알아요. 김일성, 김정일, 김정은으로 권력이 넘어갈 때 아무 생각 없이 있다가, 갑자기 '어! 이제 내가 죽을 때가 됐으니까 너 해라' 해서 아무것도 없는 시궁창에 있는 아들 데려다가 세우지 않는다는 말입니다. 무슨 이야기냐 하면, 이미 오래전부터 계획을 세운 거라는 겁니다. '어떻게 하면 아들로 자격을 갖추게 할 수 있을까?' 해서 미리부터 계획을 세워서 유학을 보내는 거예요. 그러니까 자격 없는 아들 목사에게 세습한다는 식의 비판은 세습 시키는 목사를 너무 얕잡아 보는 얘기예요. 그렇게 어리석은 사람들이 아니라는 거지요. 이제는 자기 아들이 어릴 때부터 어떻게 하면 겉모습을 그럴싸하게 보일까를 구상하고 계획해서 치밀하게 진행한다는 얘기예요. 또 다른 형평성 문제가 당연히 떠오릅니다. 지금 한국 교회 목사들 또는 해외에서 공부한 사람들, 이런 사람들 얼마나 많아요? 굉장하죠? 담임목사 청빙하면 신청서가 몇 장이나 들어와요, 보통?

고상환   100장 이상은.

김형원   기본적으로 그렇게 들어와요. 그럼 그 사람들이 얼토당토 않은데 지원서를 내느냐? 아니에요, 천만에 말씀. 다 나름 굉장한 사람들이 지원한다는 말이에요. 그런데 뭔가 세습한다 이런 얘기가 조금이라도 있는 교회들의 경우는 거의 예외 없이 아들이 선택된다는 말이에요. 비율로 따져 봤을 때 이건 말이 안 된다는 얘기죠. 그래서 세습을 정당화하려고 핑계 대느라 아들 목사가 자격 있는 사람이네 어쩌네 하는 얘기지, 뭐 대꾸할 가치조차 없는 얘기예요.

김근주   가끔 이 아들 목사들이 방송 설교에 나와요. 설교 들으면 겁나 잘난 체들을 해요. 스스로가 굉장히 자격을 갖춘 것처럼 이야기하고, 다들 자기가 개혁주의 신학의 보루인 것처럼 말하지만, 사실은 김형원 목사님이 말씀하신 대로 이미 프로그램된 채로 가서 공부하고 온 겁니다. 이런 자격 조건 갖춘 사람 널려 있고, 개혁주의 살벌하게 신봉하는 사람 널려 있지만, 단지 아들이라는 이유 때문에 중대형 교회 담임이 된 것인데 지금 와서 스스로 겁나 괜찮은 것처럼 말하고 개혁주의 운운하는 것은 말이 안 되는 거죠.

고상환   그리고 그 유학비가 다 교인들의 헌금이라는 거예요.

김형원   그것도 프로그램상 다 있는 거예요.

김근주   김홍도 목사를 비롯한 삼형제 교회들이야 이미 그렇다지만 괜찮다고들 하는 교회, 고신 측 교회에서도 이런 일들이 일어나지요. 들어보면 납득 안 되는 설교가 많던데 말입니다.

남오성   그러니까 뭐가 있냐면요. 국내에서 계속 부목사 생활을 하잖아요. 그러면 콘텐츠가 달려요, 아무래도. 근데 외국에 나가 있으면 어떤 판타지가 있죠. 미국에서 우리 아들이 이런 공부 하면서, 가끔 한 번 왔다 가고 그러면 와 멋있다 하고, 좀 그런 게 있죠. 사고 안 치고, 국내 있으면서 괜히 사고 쳤다가 세습 전선에 이상이 생기면 안 되니까 외국 가서 이미지 작업을 하는 거죠.

고상환　　　　최근 한국 교회에서 문제 되는 목회자들이 다 유학파들이잖아요? 그런 것도 똑같은 형태예요.

한병선　　　　근데 나는 그렇게 생각해요. 세습을 하는데 정당한 절차를 거친다고 하잖아요. 공동의회도 하고 뭣도 하는데, 제가 다니던 교회에서 똑같은 세습을 하려고 했었어요. 근데 원로목사님을 교인들이 굉장히 싫어했어요. 교인들이 교회를 계속 나오는 이유는 내 교회이기 때문이에요. 그 아드님이 인격적으로 괜찮은 분이었는데, 이분으로 회의를 했는데 부결되었어요. 한 표 차이로. 그걸 보고 정말 교회를 지키는 자가 누구인가 생각이 들었지요. 나는 결국 평신도나 교인들이 정신을 차리지 않았다고 생각해요. 여기 말도 안 되는 교회는 결국

이 평신도, 여기 있는 교인들이 말도 안 되는 교인이라는 거죠. 자기네가 자기네 교회에 대한 아이덴티티가 없기 때문에 말도 안 되는 세습을 통과시키고, 이럴 수밖에 없는 것 아닌가요? 저는 그런 경험을 했으니까.

전성민   그래도 한 표 차이로 부결됐다는 얘기는 그 교회 정직한데요? 한 표 차이는 얼마든지 조작할 수 있었을 텐데 말입니다.

고상환   그게 단지 평신도들의 잘못이라기보다는 목회자들의 수십 년간의 세뇌의 결과로 그렇게 된 것 같습니다.

한병선   그게 말이 안 되죠.

고상환   막상 금란교회, 아, 특정 교회 이름 거론했네. 이런 데 가서 예배드리면요, 그 분위기로 그냥 휩쓸려 가요. 왕성교회도 금요일에 가면 그 길 목사님이 한 시간 반, 두 시간을 금요집회를 인도해요. 그러면 교인들이 뿅 가요. 그분들이 말하는 게 하나님 말씀이에요. 그런 걸 안 받아들일 지조 있는 사람 별로 없어요. 그러니까 그나마 왕성교회는 살아 있는 사백 몇 명이 있다는 게 대단한 축복 받은, 새하늘과 새땅 들어갈 분들이에요, 이분들은.

권연경   한편으로는 소위 세뇌의 결과로 교인들이 그렇게 멍청하게 됐다고 할 수도 있고, 또 한편으로는 그 교회를 선택하고 나가는 게 교인이니까, 그러면 결국 교인들의 책임도 피할 수 없고, 이 두 가지가 얽히고설킨 현실이지요.

한병선   예, 맞아요.

김형원   이건 닭이 먼저냐 달걀이 먼저냐, 이런 얘기인데 어차피 그렇게 된다는 얘기는 양쪽이 짝짝꿍이에요. 이건 뭐 어디가 어떻다 얘기할 수 없어요.

김근주   제 생각에는 교인들도 아들 목사가 세습하길 원해요. 그렇게 하면 기존 체제를 하나도 바꾸지 않아도 되고, 자기들도 인간관계 겁나 많이 쌓아 났고 쾌적하기 때문에 새로운 사람 와서 개혁이네 뭐네 헛소리하면 싫다는 거지요. 그런데 아들이 하면 이 아들은 원천적인 약점이 있기 때문에 교인들에 대해 뭐라 세게 치리하거나 그러는 것이 불가능해요. 그런 점에서 상호간에 욕망을 채우는 데 윈윈이에요. 자기네도 교회생활 하면서 혜택을 누리고 담임목사도 더 이상은 세게 못하고, 서로가 딱 맞아떨어지는 거지요.

김형원	그럴 때 적용하는 게, 아버지 목사가 원로목사가 되면서 어느 정도 섭정을 한다는 얘기죠. 그 얘기는 그런 식으로 이미 왕국을 구축해 왔고, 교인들은 왕국 속에 여전히 있기 때문이라는 겁니다. 그 아버지가 살아 있는 한, 아들이 왔든 손자가 왔든, 그 영향력 안에 있는 거라는 말이에요. 아버지가 그런 능력이 뛰어나다면 얼마든지 할 수 있는 거예요. 지금 북한이 김일성의 영향력 때문에 지금까지 온다고 보는데, 그 아버지의 능력은 분명히 인정해 줘야 돼요. 옳다, 그르다가 아니라 그 교회를 장악하는 능력에 대해서는. 그걸 아들이 그대로 승계하는 것이고, 만약 그 아들에게 정말 자격이라든지 여러 문제가 심각하게 발생한다면 혹은 아버지가 돌아가신다든지 이러면 실제로 문제가 발생할 거란 말이에요, 그렇죠? 그런데 그런 경우는 흔하지 않아요.

전성민   잘 준비되어 온 세습과 장악이라…….

김형원   지금 그래도 양식과 자격을 갖춘 사람들이 되기 때문에, 교인들이 볼 때 '뭐 이 정도면 됐지'라는 거예요. 그러니까 그 과정 속에서 얼마나 불공정한 것들이 있는가는 잊어버려요. 그건 다 과거 일이니까.

전성민   그게 헌금으로 유학을 했건 말건 말입니다.

김형원   지금 잘하고 있는데, 큰 문제가 없는데, 뭔 얘기냐, 이런 생각을 하게 되는 거예요.

고상환   반대 상황으로 김홍도 목사 경우를 말씀드리면, 원로목사가 있는데 새로운 목사가 와서 싸움이

난 경우가 상대적으로 많아요. 그러다 보니 부작용으로 '아 이렇게 하면 교회도 깨지고 성도들도 피해를 입는다', 그러니까 세습하는 것이 얼마나 안정적이냐, 그리고 이만큼 목회자가 바뀐 이후 안정된 사례 있느냐 논리로 사용되죠. 교회를 계속 아버지의 영향력 아래 두고 이어 나가면 다 편하잖아요. 장로들도 편하고 성도들도 편하다, 이런 인식들이 깔려서 아주 논리를 만들어 주죠.

전성민   제가 좀 본질적인 질문을 다시 해볼게요. 다 편한데 왜 우리는 이렇게 반대하는 거죠?

권연경   편하다는 게 단순히 편하다는 게 아니라. (웃음)

전성민   윈윈이고 다 좋은데.

권연경   여의도 순복음교회 두고 말하면 이게 편하다는 게 아니라, 조용기 목사가 이룬 왕국에는 엄청난 이권이 개입되어 있잖아요. 그 속에 장로들도 엄청나게 개입되어서 돈을 둘러싼 욕망의 카르텔이 있는 거지요.

그 욕망의 집합체를 지키자는 것인데, 그걸 단순히 편하다는 말로 덮고 넘어가야 될 일이 아니라는 겁니다.

김근주   그거만큼 우리 교우들의 욕망을 자글자글 자극하는 것도 없다 싶어요.

김형원, 고상환   그렇죠, 그렇죠.

김근주   그 점에서 세습은 아무리 윈윈해도 진짜 나쁜 짓들이에요.

김형원   그건 얘기했던 대로 욕망의 결정체예요.

고상환   이야, 욕망의 결정체!

김형원   목사들의 욕망, 교인들의 욕망의 결정체라는 거예요.

남오성   자기네가 교회가 아니라는 것

을 시인하는 거라고 봅니다. 아버지가 아들한테 세습시키는 이유는 아들이 안정되고 번영하기를 원한다는 거고, 이것은 어느 누구나 마찬가지지요. 교인들이 세습을 원하는 것도 우리 교회가 안정되고 향후 번영, 부흥이라고 표현되는 상태가 되길 원하는 것이고. 그런데 교회가 안정되고 번영하는 게 목적이냐? 그걸 묻고 싶은 겁니다. 그럴 것 같으면 뭣하러 교회를 이루나 싶습니다.

김형원　　　　　세습 논리를 정당화시키는 전제로 말하자면 광성교회 케이스가 있지 않습니까?

고상환　　　　　그렇죠.

김형원　　　　　후임 목사랑 싸우고, 이런 것들이 근본적으로 뭐냐면 한국 교회에 누적되어 온 문제라는 겁니다. 은퇴한 목사가 계속 영향력을 행사하려는, 아주 고약한 관행, 이게 뿌리 깊이 박혀 있으니까 이걸 전제해 버리는 거예요.

고상환   그렇죠.

김형원   그러니까 우리 목사님이 은퇴하셔도 뭔
가 다른 새로운 일을 하려고 그러시는구나 전제해 버리
는 거예요. 그 상황에서 후임 목사를 새로운 사람으로 세
우면 뭔가 해보려는 원로목사와 다툼이 생기게 되니, 이
문제를 크게 확대하지 않으려면 아들로 가는 게 제일 낫
겠다는 겁니다. 그러니까 이건 정말 말이 안 되는 거지요.
왜 원로목사가 무엇을 하려는 것을 전제하냔 말입니다.
은퇴했으면 오케이, 손을 떼야 되는데 뗀다고 생각을 안
한다는 거지요. 누구도 그렇게 생각 안 해요. 우리 원로목
사님 분명히 뭔가 개입할 거야, 그러면 나중에 문제가 되
겠네, 그럼 문제를 미연에 방지해야겠네, 그러니 아들로
세습. 이거 너무 비참한 거잖아요. 근데 이렇게 됐다는 거
지요.

김근주   결국 손을 못 뗀다는 게 교회를 지네들
거라고 생각하는 거고.

권연경   그럼 그런 면에서는 세습 안 한 목사님

들도 사실 똑같잖아요.

일동   그렇죠.

권연경   예를 들면 사랑의교회.

김근주   후임 세워 놓고도.

전성민   사랑의교회는 후임 세워 놓고 원로목사
님 거의 손 떼셨어요. 거의 떼가지고.

권연경   다른 걸 했잖아?

전성민   국제제자훈련원?

김형원   그건 떼어 줘서 교회는 관여하지 말라.

권연경   떼어 준다는 건 어떻게 보면 교회하고
손 끊은 건 아니거든요. 그런 점에서 가져가서는 안 될 것
을 가져간 거고.

김형원   그건 은퇴에 대한 예우인데, 은퇴에 대한 예우가 도가 지나치냐 아니냐의 문제가 됩니다.

권연경   도가 지나치면 그건 사실상 지분이 되는 거라고 볼 수 있지요.

일동   그렇죠.

김근주   사실 그런 교회는 아주 많죠. 세습은 안 했지만 지분 가져간 은퇴 목사님은 엄청 많아요.

김형원   그건 우리가 따로 다뤄야 될 문제인 것 같기는 해요.

김근주   그거 정말 만만치 않을 거예요. 세습은 공분을 사는데, 지분 가져가신 분들은 너무 많기 때문에.

김형원   전 그것도 분명히 문제라고 봐요.

고상환   근데 문제는 그런 분들이, 우리

 교회는 환경을 조성해 줘요. 자리를 만들어 준다든지, 재정적으로 계속 뒷받침해 준다든지 말입니다.

김형원　　　　지금 이게 큰 이슈예요. 이거 오래전부터 느꼈는데, 이거 우리가 따로 해야 될 필요가 있어요.

고상환　　　　따로 해야겠죠.

김형원　　　　이게 웬만한 사이즈의 교회 담임목사들이면, 예언하는데, 예외 없이 그 케이스를 밟아 갈 거예요.

김근주　　　　이제 그럴 거예요. 서로서로 노회나 총회 가면 노하우를 전하기 때문에 세습하지 마라, 피곤하기만 하고 힘들다. 요렇게 해라. 그리고 그렇게 따로 지분 뗀 걸 물려주면 돼요.

고상환   요거 건드리면 우리 문 닫겠네.

김근주   정말 만만치 않죠.

남오성   느헤미야 후원 끝.

김근주   이건 개혁지형이건 뭐건 막론하고 다
되고 있기 때문에.

남오성   다들 은퇴 이후를 계획하시죠. 왜냐면
오래 사시거든요, 건강하게.

전성민   저는 본질적으로 반대 질문 계속 던져
보겠습니다. 그럼 왜 안 돼요?

김형원   그건 지분을 끝까지 주장하는 거죠.

김근주   결국 교회가 사적인 소유라는 게 입증
돼 버리는 거고.

권연경   그게 단순히 목회자 얘기로만 하면 조금 곤란할 거 같아요. 그 속에 목회자와 당회를 비롯한 소위 실질적인 권력층…….

고상환   기득권 세력.

권연경   그 층의 의지가 대단히 많이 반영될 테고, 세습된 경우는 나름대로 모양을 갖추겠지만 세습 안 한 교회들 중에 원로목사와 마찰이 있는 교회도 있지만, 그런 문제 없는 교회라도 특정한 현상들이 있습니다. 예를 들면 소위 모범적인 교회라고 인식되는 경우라도, 가령 고신 측의 서울 영동교회, 통합 측의 주님의교회, 이런 교회들은 제가 쓰는 표현으로 이전 담임목사들의 망령이 서린 교회거든요. 어떤 목사들이 와도 주님의교회는 이재철 목사님의 망령에서 자유롭지 못해요. 그 망령을 누가 계속 전파하냐면 장로님들이 합니다. 세습된 것은 아닌데, 섭정 얘기했지만 없는 상태에서도 장년들에 의해 자연스럽게 이전 시스템이 유지되니까 실제로는 섭정이 되는 거고, 담임목사는 그것 때문에 엄청난 스트레스를 받으면서 목회

하게 되는, 그런 현상도 실은 우리가 말하는 현실과 연관
된다고 볼 수 있습니다.

전성민   이 문제는 좋은 교회로 목회가 된다 하
더라도 결국 담임목사님 혼자만의 열정 혹은 비전을 가지
고 교회가 계속 움직인다는 게 본질적인 문제가 되는 상
황이겠습니다.

권연경   목회자 중심의 교회가 되고, 이게 조금
더 가니까 목회자 소유의 교회로 인식되고, 그렇게 되면
교회에 대한 근본이 흔들리지요.

김형원   그 문제는 교회뿐만 아니라 기업이나
어떤 단체도 설립자의 정신은 그 단체가 있는 한 어느 정
도 지속될 수밖에 없는 문제이기도 합니다. 지금 애플 보
면 딱 그거잖아요. 잡스 죽고 나서도 여전히 그 망령이 있
고, 지금 뭐 아이폰 5 때문에 문제가 나오고 있구요.

고상환   잡스가 살았더라면 그렇지는 않았을
거라는 식의 이야기.

김형원   그런 얘기가 나오는 것처럼, 전임자의 영향은 어느 정도는 있을 수밖에 없을 것 같아요. 그런데 교회 내에서도 그걸 완전히 지워 버린다는 건 불가능한 것 같고. 다만 얘기했던 대로 교회가 한 사람에 의해 너무나 심한 영향을 받는 구조로 되어 있다는 거, 특별히 한국 교회가 한 사람 중심으로 모든 것을 해왔고, 한 사람의 영향력이 너무 강하게 지속되어 있다는 겁니다. 그럼 거기 있는 당회나 장로님들이나 교회 지도층들도 여전히 그 추억 속에 살면서 그 잣대로 후임 목사를 판단하고 요구하니까 계속 망령이 서려 있을 수밖에 없는데, 결국 이 문제는 한국 교회의 구조적인 문제로 들어가게 되는 거죠. 목회자와 다른 성도들의 관계, 그럼 목회자의 역할은 어디까지냐, 이런 근본적인 문제까지 들어가겠지요.

남오성   그 부분에 대해 김동호 목사님이 하신 말씀을 인용하면 이래요. '담임목사 세습은 하나님 중심이 아니라 사람 중심 교회라는 걸 증명하는 거다. 진정한 의미에서 교회지도자, 즉 목사는 없어서는 안 될 사람이 아니라 있어도 그만 없어도 그만인 사람이어야 한다. 교회에서 없어서는 안 될 분은 오직 예수 그리스도 한 분만이어야 한다. 담임목사가 없어서는 안 될 존재가 되어 있다면 그건 예수님 자리를 꿰차고 앉아 있는 거다.' 이게 김동호 목사님의 코멘트입니다.

김형원   없어도 되고 있어도 되고, 이건 아닌 것 같은데요. (웃음)

김근주   이게 사실 딜레마예요. 몇 명 이상 되면 시스템이 교회를 굴러가게 하잖아요. 뭐 성경도 필요 없어요, 시스템이 다 굴러가게 하는데 그런 교회는 사실.

권연경   성경이 필요 없는 게 아니라 아예 못 들어가지요.

김근주   담임목사가 누구이든 큰 상관이 없는데 작은 교회들은 그렇지가 않아요. 시스템이 없기 때문에 목회자 한 사람의 역할이 굉장히 중요해요. 그런 점에서도 목회자의 영향력이 있으나 마나 해야 한다는 건 대형 교회는 따라할 수 있지만 작은 교회들은 그게 안 되는 것 같기도 해요.

김형원   오히려 더 큰 영향력은 큰 교회에 있지 않나요? 작은 교회는 목사 있다 없어져도 망령이 오래 살아 있지 않잖아요. (웃음) 쉽게 바뀌어 버리거든요.

고상환   보증금만 빼더라도 사실 바뀌어요.

전성민   대형 교회들은 완전히 시스템으로 돌아가지만 그 교회들이 영향력이 더 큰 것은 사실이에요.

김형원   제왕적으로 군림했기 때문에. 근데 작은 교회는 거기까지는 못 되었거든요.

김근주   작은 교회는 목사들이 종인 경우가 많아요. (웃음)

전성민   사찰 집사죠, 사실.

김근주   교인들이 늘면서 목회자의 계급이 올라

가는 거예요, 처음에는 종이었다가.

김형원   성을 쌓아 가는 거지요.

김근주   좀 지나면 과장, 부장 되고 진짜 왕 돼
요. (웃음)

전성민   잠깐 정리해 보면, 세습이라 부
르는 건 가치판단이 있는 것으로서 그렇게 부
르는 것이 정당하다, 마땅하다, 달리 뭐라고 부
르겠냐? 이런 것이고. 작은 교회의 경우, 혹은
망해 가는 교회, 어려운 교회를 아들이 들어가
서 살렸다, 잘 목회를 했다, 그런 경우는 승계
라는 거지요? 작은 교회의 경우 세습이라고 부
를 만한 어떤 기득권이라든지 욕망들이 없는
것인가요?

권연경   다른 사람이 들어가도 잘했겠죠. (웃음)

전성민   그렇게 되는 건가요? 직접 한번, 본인

애기를 잠깐만 해주시죠. 왜 본인이.

고상환   세습을 반대했는지.

전성민   남오성 목사님 아버님이 목회를 하세요. 그래서 아버님이 이어서 목회를 하기 원하셨는데 지금 그러지 않고 계시거든요.

남오성   사실 세습 문제는 제 실존의 문제라서 정말 '나만큼 고민하는 사람이 있을까' 생각했습니다.

권연경   쉬운 말로 하면 밥줄? 왜 이렇게 말 어렵게 해요?

고상환   제가 남 목사님 건져 냈습니다. (웃음)

전성민   이런 이야기가 도움이 되는 게, 제가 아는 어떤 후배 가정도 그렇게 큰 교회 같지는 않은데 아들이 목사입니다. 부모님들은 '제발 이어서 해라'고 하지만, 당사자는 정말 고민하면서 안 하려 하고 피하려고 하는데, 부모님들이 굉장히 푸시하는 경우들이 있거든요. 남 목사님도 그런 케이스인 것 같은데요.

남오성　　　　　저 같은 경우는 한국에서 신학대학원 다닐 때 세습 논쟁 1차 논쟁이, 2000년 그때, 한창이었어요. 그걸 관전하면서 느낀 것은 '나는 세습 반대다'였습니다. 왜냐? 우리 아버지 200~300명 교회인데 나는 2, 3천 내지는 2만, 3만 교회 할 것인데 그냥 우리 아버지 교회에 있으라고?! (웃음) 나는 더 큰 교회 할 거야! 그래서 세습 반대할 거야! 그런 싸가지 없는 동기를.

고상환　　　　　자신감.

권연경　　　　　그건 세습해서 키워야지. (웃음)

고상환　　　　　그렇죠, 파이를 키워야 돼.

남오성　　　　　그런데 미국에서 유학하면서 고민이 많았어요. 얼마 전에 제 옛날 이메일을 뒤지다가 제가 신학생, 전도사 때 김동호 목사님한테 쓴 장문의 이메일을 발견했어요. 그때는 정말 급했거든요. 요지는 그거예요. '저 같은 사람도 세습하면 안 됩니까?' 내용이 뭐냐면, 우리 아버지 교회 작아요. 출석인원 200~300 정도.

전성민   여기 교인 수 20, 30인 교회는?

남오성   언급되는 큰 교회들에 비해 작다는 거
지요. (웃음)

권연경   그래도 이런 작은 교회들에 비해서는.

고상환   안정적이잖아요.

김형원   지금 300명 교회도 담임목사 초빙하면
최소 40명에서 80명이 지원해 와요.

남오성   나한테 왜 그래요. 전 안 했어요, 세습.
(웃음) 그런데.

권연경   그러니까 잘했다니까요.

세슈 목사,
힐링이
필요해?
느헤미야
팟캐스트
1
기독연구원 느헤미야 지음

남오성   그리고 저희 아버지께서는 아무래도 옛날 분이시니까 목회 방식도 옛날 방식이었고 좀 독재적이고, 70~80년대 은사주의 영향 많이 받으셨고, ‘불로 불로’. 그런데 교인들이 처음에는 좋아하다가 시대가 흐르면서 시대를 따라가길 원했는데 아무래도 아버지가 연세가 드시고 그걸 따라가기 힘드시니까 옛날 방식 고수하시고, 아들이라는 사람이 있는데 이 사람은 새로운 어떤 것을 보여 주는 것 같고 대안적인 것도 있는 것 같고, 그러니까 교인들이 우리 교회가 더 발전하려면 아들이 오는 게 낫다 여겼던 것 같습니다. 그래서 저는 사실 신학교 교수가 됐던 게, 세습을 피하려고 신학교 교수의 길을 간 거거든요. 하도 그러니까, 고민되니까, 어차피 우리 아버지가 원한 것은 나의 안정과 번영인데 꼭 목사가 안 돼도, 신학교 교수가 돼도 안정과 번영 누릴 수 있으니까. 그렇게 해서 어쨌건 교수가 되었더니 아버지가 세습 얘기가 쑥 들어가더라고요.

일동   오오.

남오성   너는 그냥 교수의 길을 가라.

권연경   그러니까 세습의 핵심이 뭔지 잘 보여
주고 있어요. (웃음)

남오성   본의 아니게 웨신을 떠났잖아요. 떠난
선배, 여기는(김근주) 후배. (웃음) 지 발로 나오지 왜 그걸
잘려. 하여간 그러니까 아버지가 세습 이야기를 하시더라
고요.

김형원   아버지가 너무 사랑하신다.

남오성   고민이 되서 그때는 박득훈 목사님을
찾아갔죠. 그리고 구교형 목사님도 찾아가고. 그때는 제
가 듣고 싶은 얘기가 뭐냐면, 지금 와서 생각하니.

전성민   해도 된다.

남오성   너는 해도 된다는 얘기가 듣고
싶었던 것 같아요. 그리고 제 주변에 교회개혁

운동을 열심히 하시는 분들 중에서 당신은 해도 된다는 애기를 하신 분이 실제로 계셨어요.

고상환		오, 그래요?

남오성		네, '아유, 그건 세습도 아니야. 그건 하나님이 기뻐하시는 거야', 이런 사람들 많았어요. 그래서 고민 중에 저를 결단하게 한 것이 뭐냐면, 이건 좋은 케이스니까 실명 공개하는데, 지금 연세대 교수로 있는데 김장생이라고, 감신 나와서 프랑크푸르트에서 공부하신 분.

고상환		자세히 할 필요 없어요. (웃음)

남오성		원래 이 팟캐스트는 디테일이 중요해. 내가 보니까 느헤미야 디테일은 별로. (웃음) 김용기 장로님 아시죠? 가나안 농군학교. 그분 손자예요. 김용기 장로님 아드님이 지금 그걸 하고 계신데 그걸 이제 장생이가 물려받을 판인데, 실제로 거기서 가나안 정신을 국제적으로 퍼뜨리는, 제3세계에, 신자유주의적인 질서에 포함되지 않으면서 자립경제할 수 있는 방식을 퍼뜨리는 겁니다.

짧게 할게요. 하여간 김장생 교수가 그걸 잘해요. 제가 물어봤어요. '장생아, 넌 세습할 거냐? 나 이것 때문에 고민이다' 그랬더니 '나 안 해요, 목사님' 그러더라고요. '왜 안 하니?' 그랬더니 '목사님, 교회가 잘된다고 해서 하나님 나라가 잘되는 건, 반드시 그런 것은 아니잖아요?' 이렇게 얘기하는데 제가 뒤통수를 딱 맞았어요. '아 그렇지, 왜 꼭 내가 잘되고 우리 교회가 잘되면 하나님 무조건 기뻐하시는 거고, 거꾸로는 아닌가.' 성경 보니까 진짜 그렇더라고요. 이스라엘 다 쫄딱 망했고 그렇더라고요. 그래서 그 말 한마디에 제가 돌아섰죠. 이건 아니다. 그러고 나서 이제 교회개혁실천연대 간 거지요.

김형원 (웃음)	사실 목회해도 잘된다는 보장도 없고.
남오성	그래도!
권연경	어차피 안 했으니까 잘될 거라고 생각하지요. (웃음)

김형원   제일 믿음직한 사람을 추천해 주는 것
은 좋은 것 같아요. 아버지가 일군 교회를 정말 사랑한다
면 자기가 아는 사람 중에 정말 할 만한 사람들을 추천한
다든지 소개한다든지 뭐 그런 방법이 있겠지요.

김근주   피차 추천해서 교차가 되게 할 수도 있
지요. (웃음)

김형원   또 그런 꼼수가 있지.

전성민   일단 여기서 정리를 좀 해야 될까요, 조
금 더 할까요? 예, 세습 이야기를 금방 끝낼 건 아니고요,
잠깐 쉬었다가 2부 하게 될 것 같습니다. 다음 주에 들으
시게 될지 아니면 며칠 지나서 들으실지 저희가 끝나고
정하겠지만, 1부는 여기서 좀 마무리 하도록 하겠습니다.
그러면 다음 시간에 뵙겠습니다.

김근주   제발.

세습___

두 번째 이야기

전성민 기독연구원 느헤미야 팟캐스트 에고에 이미 시간이 다시 돌아왔습니다. (웃음) 지난 시간에 이어서 '세습' 두 번째 시간 되겠습니다. 지난 시간에 나눈 이야기 잠깐 정리해 보면, '세습이라 부르지 마라, 이건 청빙이다'라고 말하시는 분들이 계신데, 저희가 이야기하기를 '기득권이 이렇게 들러붙어 있는 걸 이어받으니 이것을 세습이라고 부르지, 그럼 뭐라고 부르겠냐?' 했습니다. 그리고 세습을 하고자 혹은 세습을 시키고자 하는 욕망은 결국 아들이 잘되고 편하면 좋겠다는 이야기를 여기 남오성 목사님 간증 통해 들었습니다. 그리고 이 세습은 우리 욕망의 결정체가 드러나고 있는 것이라는 이야기를 확인해 봤는데요. 두 번째 시간에 참여하고 계신 분들 소개하고 시작하겠습니다. 제 오른쪽에 계신 분들부터 소개를 부탁드립니다.

고상환 고상환입니다.

김형원 김형원입니다.

남오성 남오성입니다.

권연경   권연경입니다.

김근주   김근주입니다.

전성민   저는 사회를 맡고 있는 전성민입니다.

한병선   한병선 PD입니다.

전성민   지난 시간에 이어서 오늘은 좀더 신학
적인 측면에서의 이야기, 그리고 그럼 어떻게 할 것이냐에
대한 이야기들을 권연경 교수님께서 풀어 주시겠습니다.

권연경   우리가 지난 시간에 이야기했던 것처
럼, 세습이라고 할 때 대형 교회 목회자 자리가 탐나는
상황에서 목회자 자리가 자녀에게로 이어지는 경우를 이
야기한다는 것을 분명히 해야 이야기가 초점이 잘 잡히는
것 같고요. 세습이라는 말 자체에만 집착하면, 세습이라
는 형태 자체만을 두고 그걸 변호하는 사람들을 제대로
다루지 못할 수 있습니다. 구약에서 거룩한 직분이 세습
되는, 그런 사례들을 근거로 들어서 현재 관행을 정당화

하려는 논쟁이 벌어지고 있는데, 신학적으로 굉장히 저급하다 말하지만 실제로 많이 얘기하고 있고, 교인들은 거기에 대해 또 '괜찮은 건가?'라고 생각하는 현상이 생기고 있기 때문입니다.

전성민   저희는 말도 안 되는 얘기라고 생각하지만 그래도 설명을 좀 드릴 필요가 있겠습니다.

권연경   꼭 다뤄 볼 필요가 있다고 생각합니다. 역시 지난 시간에 얘기했던 건데, 세습이라는 방식 자체보다 부의 대물림 수단으로 활용되는 현상이 문제인 겁니다. 겉으로 드러난 방식 자체가 아니라, 결국에는 부와 권력의 대물림이라는 현상을 우리가 불편해하는 거고, 그것에 대해 분명히 다루어야 할 필요가 있다는 것입니다. 이런 면에서 결국 대기업의 경영권 승계와 맞닿는 면이 있습니다. 그게 지탄의 대상이 되는 이유와, 대형 교회의 세습 현상이 지탄받는 이유가 본질적으로는 똑같은 것 같아요. 사유화할 수 없는 것을 사유화하는 현상입니다. 지난번에 얘기했던 건데, 직접적인 세습뿐만 아니라 다양한 형태의 권력 대물림 방식도 함께 고려해야 할 것 같습니다. 교차해서 세습하는 것도 그렇고, 직접 세습은 아니지만 넓은 의미에서 후광을 입고 권력을 누리는 것도 그렇고, 혹은 다른 의미에서 권력 있는 사람들이 서로 뒤를 봐주기로 합의하면서 짬짜미해서 봐주는 상황도 마찬가지겠습니다. 한 걸음 더 나아가면, 아까 얘기한 것처럼 세습이 아니지만 아버지의 권력을 등에 업고 잘나가는 2세 목회자들, 혹은 좀더 넓히면 기존 권력을 업고 자신의 미래를 꿈꾸는 2세 목사들 문제도 본질은 같지요. 그리고 대형 교회의 힘을 바탕으로 자기 미래를 꿈꾸려는 것도 결국은 같은 논리를 갖고 있지 않나 싶습니다. 그 부분도 시간이 되면 얘기해야 할 것 같습니다. 워낙 광범위하게 퍼져 있는 현상이니까요. 바람직하다고 이야기되는 교회들 역시 프랜차이즈화하고 있는데, 이런 현상들에 대해서도 결국 같은 관점에서 이야기되어야 하지 않냐는 생각이 들기도 하고요. 가장 우리 마음을 불편하게 하는 것은, 터무니없는 세습 시도가 자행되는데 교회에서 수용되고 회중들이 전혀 비판하지 않거나 못 한다는 겁니다. 그런 수준도 우리가 일단 문제 삼아야 될 것 같습니다. 목회자 입장에서는 그걸 시도한다는 자체, 그 영적 천박함, 교인들 입장에서는 아무런 제동장치 역할을 못 하고 거수기 역할을 하는 현실, 그 속에 배어 있는 교인들의 영적 수준, 그런 것들이 지적되어야 할 것 같습니다. 지난번에 김동호 목사님께서, 없어도 괜찮은 목사가 되어야 하는데 목사가 꼭 있어야 되는 무엇이 되었다면, 그것은 목사가 주님의 자리를 꿰찬 거라는 이야기를 하셨다고 했지 않습니까? 결국 실제로 교인들의 생각 속에서, 믿음이라는 것이 예수님하고 상관없이 목회자에 대한 절대 복종의 개념으로 사실상 통용되는 부분도 진지하게 다루어져야 하지 않나 생각됩니다. 지난번에도 얘기가 나왔는데, '분란이 없는 것이 교회를 위한 것이다'라는 논리가 실제로 많이 제시되거든요. 분란이 없다는 것, 문제가 없다는 것이 뭘 말하는 거냐, 이게 진짜로 문제가 없는 거냐? 아니면 더 큰 문제를 그대로 가지고 가고 싶다는 것을 달리 표현한 거냐 싶어요. 첫 시간에 얘기한 것들인데, 그런 것들을 다시 논의해야 될 것 같습니다.

전성민   예, 그럼 첫 번째 얘기를 잠깐 짚고 가죠. 구약의 내용을 들어 세습을 정당화하는 논리들에 관해서 한 마디로 얘기를 해주시죠. 김근주 교수님, 해주시겠어요?

김근주   구약의 제사장에 대해 생각나는 대로 이야기해 보겠습니다. 우선, 구약에 쓰이는 표현들을 오늘 어떻게 사용할지는 전체적으로 검토되어야 하는 것입니다. 그러나 간단히 보자면 일단 구약의 제사장은 그야말로 세습되던 직분이었으며 아론 자손 지파로 한정되어 있던 것이기 때문에 그것을 오늘날 목사 직분과 비교하는 것 자체가 부당할 것 같습니다. 범주가 다른 것이기 때문에 비교할 수 없는 일인 것 같아요. 제사장들이 하는 일과 비슷한 일을 오늘날의 목사가 하기 때문에 제사장의 어떤 기능을 목사가 한다고 할 수 있고, 구약의 예언자들이 했던 어떤 기능을 오늘날의 목회자들이 하고 있다고 말할 수 있겠지요. 그 점에서 비슷한 게 있는 겁니다. 구약 시대에 여러 직분들의 사역과 오늘날 목회자의 사역이 겹쳐지는 게 있으니까 그게 비교되는 거지, 목회자가 제사장이라는 말은 부당합니다. 그럼 목회자가 예언자라는 말은 왜 안 하는 거냐, 목회자가 사사라는 말은 왜 안 하는 거냐 묻고 싶어지는데, 이런 문제 제기들에 대한 합리적인 반박은 불가능할 겁니다. 사사도 세습된 경우가 거의 없고, 예언자는 당연히 세습이 아님을 생각할 때, 구약에서 뚱딴지같이 제사장을 끌고 와서 그때 세습을 했으니 우리도 할 수 있다고 하는 것 자체가 말도 안 되고 논리의 근거도 전혀 없는 것 같아요.

권연경　　　그러니까 목사가 제사장이란 얘긴데, 그건 신약을 안 읽어도 너무 안 읽은 사람들이나 할 수 있는.

김근주　　　말이 안 되는 소리지요.

권연경　　　그렇잖아요? 히브리서만 읽어 봐도, 제사장 이야기가 계속 신약에 나오는 게 예수 그리스도의 직분을 설명하기 위해서고, 예수 그리스도의 제사장 직분 때문에 구약의 제사장 직분은 발전적으로 해체된, 그런 설명을 분명히 하고 있는데, 그런 것들을 무시하고, 새 언약의 핵심을 무시하며 계속 옛날식으로 얘기한다는 것은 결국 복음을 무시한다는 얘기밖에 안 되잖아요. 그래서 저는 그걸 이단 사술이라고 부르거든요.

김근주   이단 사술이에요, 진짜.

김형원   기독교가 말이지요.

김근주   그 논리에서 자꾸 교회당을 성전이라
칭하는 것이 다 연관되어 있고, 십일조 논리를 그대로 가
져오는 것도 마찬가지죠. 성전은 사라졌지만 고스란히 성
전이 남아 있는 특이한 상황이 되고요. 이런 식의 해
석은 결국 아전인수예요. 자기가 필요한 것, 교
회 유지에 필요하다 싶으면 구약에서 가져오
고, 그다지 필요 없다 싶으면, 여기서 필요의 핵
심은 물질일 텐데, 지금은 신약 시대니 신약을
따르자, 이런 식으로 해버리는 거지요.

권연경   신학 서적들을 보면 복음의 핵심으로
설명되는 게 바로 이 부분, 새언약과 예수 그리스도인데,
그런 식이라면 교회에서는 아무 의미가 없잖아요? 우리
욕망 앞에, 신학이라는 게 얼마나 무기력한지 느끼게 해
주는 사례 중의 하나죠.

전성민　　　　　　약간 빗나간 얘기이긴 하지만, 욕망 앞에 신학이 무기력하다는 건 이번 미국 대선에서 확실히 보게 되었습니다. 빌리 그레이엄 목사가 롬니를 지지하면서, 롬니가 속한 모르몬을 이단에서 뺀 것을 보니, 신학이고 뭐고 다 필요없다는 생각을 해보게 됩니다.

그리고 약간 부수적인 얘기이긴 한데요. 제가 구약을 하는 입장에서 최근 이 문제 때문에 책을 좀 보면서 구약의 왕 세습에 대해 생각해 보게 되었습니다. 구약 자체는, 세습되는 왕권에 관해 부정적이라는 느낌을 주는 것 같아요. 구약에서 아주 정당하고 합법화된 제도로서의 왕정조차도 구약 내에서 그렇게 곱게 보지 않거든요.

남오성　　　　　　어떤 맥락에서요? 어디에 그런 지점들이 있나요?

전성민　　　　　　예를 들어, 기드온한테 가서 '당신이 우리를 다스려 주고 당신의 아들과 손자가 우리를 다스려 달라'고 얘기하거든요. 왕이 되어 달라는 얘기고, 당신 집안이 계속 세습해서 우리를 지도해 달라는 얘긴데, 사사기 맥락을 보면 부정적인 제안입니다. 기드온이 그것을 거절하지만 실제로 왕처럼 살아가게 됩니다. 그의 아들 아비멜렉의 경우, 그 이름의 의미가 '내 아버지가 왕이다'인데, 아비멜렉 이야기는 온통 부정적이고 엉망인 내용으로 가득하지 않습니까? 사사직에서 왕권으로 넘어가는 이야기도 부정적이고, 왕정이 시작될 때 이야기를 보더라도 사무엘이 하는 말이 뭐냐면 '너희들, 왕정이 뭔지 아느냐? 왕이 하는 일에서 가장 중요한 것이 다 빼앗아 가는 거다'라는 내용을 반복하거든요. 그런 와중에 하나님이 그나마 은혜로 왕정을 사용하실 뿐이지, 세습되는 권력이라는 건 구약에서조차도, 제가 보기에는 굉장히 부정적으로 그려지고 있다고 생각되거든요.

권연경   세습을 정당화할 때, 구약의 왕과 연결시키지는 않잖아요? 제사장으로 연결하지.

전성민   다윗 이야기를 하는 경우가 있습니다.

일동   그렇죠.

전성민   '다윗 왕조가 이렇게 안정적으로 이어
지듯이, 오늘날도 이어지도록', 이런 식인 거지요.

권연경   그럼 지금 메시아란 얘기네?

김형원   뭐 기독교라고 얘기하지 말죠. 그 사람
들은 그냥 이단이라고 얘기합시다.

전성민   근데 다윗 얘기하죠?

남오성   다윗 얘기하죠.

김근주   이단이에요, 진짜. 이단 사이비예요.

김형원   이단이에요. 우리가 입이 아파서 말을
하기 싫을 정두예요.

권연경   근데 그런 얘기가 나온다는 것은 그게
수용되는 분위기라는 얘기지요.

고상환   그렇죠.

김형원   그게 한국 교회의 현주소를 얘기하는
건데, 한국 교회는 근본적으로 유대교로 돌아갔어요.

김근주   근데 유대교는.

전성민   유대교도 아니에요.

권연경   자기에게 도움이 될 때만.

남오성   유대교를 모욕하지 마세요. (웃음)

김근주   유대교 아주 괜찮아요. 괜찮아요.

김형원   예수 그리스도를 부정하니, 그런 면에
서 이단이라는 거지요.

남오성   유대교 되게 기분 나쁘겠네요.

전성민   그러니까 구약의 사례에 근거하여 현재
의 관행을 정당화하려는 시도는 말도 안 되는 시도다, 이
렇게 정리가 되는 것 같고요.

권연경   복음의 핵심을 부정하는 얘기죠, 그건.

김근주   구약이나 읽으라고 하고 싶은 거죠.

전성민   구약이라도 읽으라고 말할 수 있겠습니
다. 그러면 아까 얘기해 주신 문제 가운데 어떤 얘기를 좀
더 해볼까요? 세상에서 벌어지는 대기업 경영권 승계와
비견되는 것 아니냐 얘기해 주셨는데요. 지난 시간에 저
희가 얘기한 것처럼 자격이 된다고 이야기하지만 사실 그
자격이 얼마나 긴 세월 동안 의도적으로 만들어져 왔는
가 하는 면에서 사실 대기업 승계와도 굉장히 닮은 모습
을 보는 것 같습니다. 좀더 얘기해 주실 분 있을까요?

남오성   저희가 왕성교회 세습 반대운동을 하
는데요. 공동의회가 진행 중일 때 바깥에서 1인 시위하고
있는데 공동의회장으로 들어가시는 할머니 권사님이 1인

시위를 하는 분한테 하신 뼈아픈 말이 있죠. '아들 물려 주지 누굴 물려줘!' (웃음)

고상환   딸은 안 돼?

남오성   그 한마디에 정말 많은 게 담겨 있다고 생각했어요. '아들 물려주지 누굴 물려주니?' 이 한마디를 하고 가시더라고요.

김근주   사실 성경 이야기를 하지만, 김 홍도 목사도 〈조선일보〉에 냈던 게 성경 이야기 라기보다 시기 이야기를 했던 거고, 결국에는 정말 욕망 그거밖엔 없어요.

권연경   근데 그 시기는 굉장히 저급한 얘기잖 아요.

김형원   그렇죠. 자기가 그렇다는 얘기잖아요.

권연경   보통사람들은 억눌러야 된다고 생각하

는 그것을 정당화하면서.

김근주   신학으로 정당화해 내고, 그것도 허튼
논리로 말입니다.

김형원   그러면 자기가 회개하고 '나 그렇게 시
기하지 않겠습니다' 해야 되는데, 내가 시기할 테니까 내
아들을 세워야 된다는, 그런 말도 안 되는 소리를······.

권연경   김동호 목사님이 치매는 잘 지적했는데
'영적'은 왜 붙였대요? 그냥 치매라고 그러지. (웃음)

김근주   그러게 말입니다.

남오성   그래도 김홍도 목사의 광고에 수많은
사람들이 '아멘' 했을걸요.

고상환   마치 '어버이 연합' 같은 데서 내는 성
명하고 비슷한 것 같아요.

김근주   그러니까 아까 그 할머니 말씀도 그렇고, 사실 우리 교회를 지배하고 있는 건 성경도 아니고 신학도 아니고 신앙도 아니에요. 그냥 이런 식의 사고방식, 아버지가 고생해서 만든 거니 아들 줘야지, 이거 설득력이 있다는 거예요, 실제로.

김형원   신학적인 얘기로 포장하자면, 교회론이 근본적으로 잘못된 거지요. 교회 목사를 직분으로 생각하는 것이 아니라, 자기가 차지하고 있는 그 뭐라고 얘기를 해야 될까요?

전성민   소유권이죠 소유권.

김형원   교회에 대한 직분, 은사 이런 것들이 다 무시…….

김근주   다 필요 없어요.

김형원   못 써요, 아무것도.

전성민　　　　　　저희가 지난번에 얘기한 것 중에는, 세습이 교회의 사유화 문제에 닿아 있는 거고, 교회 사유화 문제는 교회가 목회자 중심적으로 돌아가는 문제로 되면서, 교회론으로 이렇게 쭉 뿌리를 찾아갔던 기억이 나는데요.

권연경　　　　　　현실적으로 목회자 자리가 물려주고 싶을 만한 욕심이 드는 자리가 되는 한, 이 문제는 안 풀릴 것 같거든요.

일동　　　　　　그렇죠, 그렇죠.

권연경　　　　　　인간의 본성을 생각해 보면.

김근주　　　　　　사실 기본적인 신학 얘기 나와 봐야 그런 본성에서 일어나는 욕심에 대해서는 소용없다 싶어요.

권연경　　　　　　결국 소위 목회자 자리가 물려주고 싶은 자리가 되는 것 자체가 문제인 거죠.

전성민   왜 그렇게 돼버린 거예요?

김근주   교회 겁나게 큰데 어떻게 할 거예요? 그러니까 교회가 겁나 커진 것 자체가 욕망을 자극해요. 교인들의 욕망도 자극하고. 실은 그 점에서 오정현 목사가 교회 건물 기어이 짓겠다고 하는 것도 본질은 똑같아요. 사랑의 교회 사람들이 결국에는 따라가는 것도, 교회 건물 커지기를 교인들 자체가 원하기 때문에, 그것도 양쪽의 욕망이 짝짝 맞아떨어지는 거고, 그 점에서 세습을 하건 교회 건물을 짓건 뭘 하건 욕망의 자극이라는 점에서는 차이가 없어요.

고상환   근데 그게 대형 교회만이 아니라 중형 교회 목사들에게도 나타나요. 제 친척 중에도 그런 예들이 보여요. 자녀를 외국으로 유학 보내요. 교인들 수가 200~300명밖에 안 돼요. 그런데 그 교회 있는 장로님 이야기를 들어 보니까, 장로님하고 목사님하고 친척인데도 이해가 안 간다는 거예요. 목사님의 아들이 그 장로님에게는 조카뻘 되는데, 자질이 없어 보이는데도 왜 목사가 되었는지 모르겠다는 겁니다. 그리고 미국에서 갈 데가 없다는 거예요. 그러더니 다시 이 교회에 부목사로 오겠다고 하니까 장로님이 환장하는 거예요. 겉으로 보면 그런 경우는 능력도 없는데, 아버지는 당연히 불러들여서 애를 부목사 시키겠다는 거예요. 그러니까 장로님들이 말도 못하고 속병 앓는 거 보면 그게 대형 교회만이 아니라, 목사 월급이 그렇게 작지는 않잖아요? 그 정도만 나오는 교회면 무조건 그렇게 되더라는 겁니다.

권연경　　　　규모와 관계없이 목회자와 성도의 관계 자체가 지금 그렇게 절대적인 관계라는 거잖아요.

한병선　　　　당회에서 얘기를 못한다는 게 문제 아니에요?

고상환　　　　못하죠. 왜냐면 얘기를 하면……

권연경　　　　목사님이니까 얘기를 못 하는 거예요.

한병선　　　　사실 목사님이 자기 아들 얘기를 꺼내

면 안 되는 거잖아요.

고상환   그렇죠.

권연경   근데 이건 그 관계 자체가 문제인 거죠.
목사님이 그런 얘기하면 그거 무슨 말도 안 되는 얘기냐
고 말할 수 있어야 되는데 그걸 못 하니 말입니다.

고상환   게다가 그런 목사님이 하는 얘기는 '내
가 개척하지 않았냐? 여기까지 내가 해왔는데' 식이지요.
완전 주주예요, 주주. 1대 주주야. 이건희야 이건희.

권연경   그럼 그 돈 누가 냈나 이렇게 물어야죠.
(웃음)

전성민   그런데 왜냐하면 교회 건축할 때 목사
님이 제일 많이 냈거든요.

고상환   그래서 그런가요?

김근주   겁나게 많이 냈기 때문에.

김형원   그러면 교회를 주주로 바꿔야
지. 지분에 따라서.

김근주   사실 아무것도 없어요. 신학이
고 뭐고 필요 없고 내꺼다. 내 돈 많이 들어갔
고 내가 시간 많이 냈기 때문이지요.

고상환   그렇지요.

김근주   내 거고, 내 뜻대로 하겠다. 이
거 교인들이 시비 걸면 '기도 얼마나 했어', 이
런 소리 나와요. 기도 얼마나 했어? 헌금 얼마
나 했어? 결국 자기 투자 얼마 했어? 이거 나오
는 거예요, 사실은.

남오성   그거로는 조용기 목사님이 직접 발언을
하셨죠. 네 믿음을 헌금으로 증명해라. 직접 발언했습니
다. 나는 꼼수다에서 많이 사용하는 예지요.

김근주   교회나 구멍가게나 차이가 없는 거죠. 돈 낸 만큼 발언하겠다, 이것이기 때문에.

전성민   예, 저희가 잠깐 하나씩 짚어 봤으면 하는데요. 예전에 세습 반대 토론을 하면서 서울대 이승종 교수님이 참여하셔서 세습을 옹호하시는 분들이 내세우는 옹호 논리 열 가지를 정리해 주신 게 있습니다.

김근주   열 가지나요?

전성민   네, 그걸 하나씩 좀 짚어 보면서 간략하게라도 저희가 답변을 했으면 좋겠습니다. 첫 번째는 성경이 세습을 금한 적이 없다는 수용론.

김근주   성경에 세습을 하지 말라고 한 적 없다. 오오!

권연경   통과. (웃음)

고상환   그건 할 말이 없네.

김근주   설득력 있네. (웃음)

남오성   그렇게 치면 예수님은 화장실을 한 번
도 안 가셨죠.

전성민   성경이 말하지 않은 것은.

김형원   쉽게 얘기하면 성경에 마약 얘기 없어
요.

김근주   그러니까 말이에요.

김형원   성경에 담배도 안 나오고.

김근주   본드 금한 적도 없고.

전성민   두 번째가 뭐냐면 교회 안정론과 심장
이식론. 이게 무슨 얘기죠?

김형원   누구의 심장?

남오성   아들이 해야 교회가 안정된다,
그리고 교회의 심장이 목사님인데 그게 잘 전
수돼서.

권연경   아들 심장이 제일 잘 맞을 거다 이거잖
아요?

고상환   그렇죠.

전성민   교회 심장은 목사님인 거다.

김근주   그것에 대해서는 교회 심장은 담임목
사 네가 아니다, 이게 답이지요.

전성민   저희가 안정론에 관해서는 지난 시간
에 약간 얘기를 했었죠. 교회를 안정시켜야 된다는 게 서
로가 얼마나 자기 욕망들과…….

권연경   욕망을 정당화하는.

김형원   그걸 어떻게 심장론 운운할 수 있어요?
이건 결국 예수님이 거기에 없다는 얘기잖아요.

고상환   근데 왜 심장만 이식해요? 간장
도 있고 위장도 있는데.

권연경   정당화해야 되니까. 뭐든지 찾아야 될
거 아니에요.

전성민   예수님 심장이지, 목사 심장이 교회 심
장이냐, 이렇게 정리할 수 있겠습니다. 세 번째는 업적론.

남오성   목사님이 그렇게 업적을 쌓아 놓으셨으
니 아들로 이어가는 게 당연하지 않겠냐.

고상환   대를 이어 업적을 쌓자.

전성민   목사님이 하신 걸 또 누굴 주겠냐?

고상환   업적은 계속된다는 거죠.

권연경   이게 좀 생각 있는 사람들이 보면 아버
지가 말아먹었으면 됐지, 아들이 이어서 말아먹으려고 그
러냐 하고 생각될 텐데 말입니다. (웃음)

고상환   대를 이어 말아먹자.

권연경   보기 나름이겠죠. 교회를 잘 일궈 왔다
고 생각할 수도 있지만 교회를 그냥 망가뜨렸다고 볼 수
도 있는 거잖아요.

김근주   교인 수를 늘려 오면서 여러 가지 희생
해 온 것들이 너무 많은데 아들까지 또 그러겠다는 거예
요.

권연경   같잖은 교회 만들어 놓고.

김형원   업적이 많아서 긍정적으로 본다
해도, 그런데 그게 꼭 아들로 가야 한다는 이
유가 됩니까, 대체?

권연경   그러니까 업적이라는 말 자체가 목사님
이 했다는 얘기잖아요. 근데 설교할 때 그렇게 안 할 거예
요. 주님이 하셨다는 둥 어쨌다는 둥 할 거면서 말이에요.

김형원   그렇지, 주님의 은혜로.

김근주   그럼 주님께 물려줘야지 말이야.

고상환   오른손이 한 일을 왼손이 모르게, 뭐
이런 거 필요 없잖아요.

김근주   다 필요 없어요.

김형원   결국 이렇게 된 건 내가 업적 낸 거에
대해 우리 가문이 혜택을.

권연경   보상을 받아야 된다.

김형원   누려야 된다.

전성민   죽기 전에.

김근주   그것도 당대에.

김형원   천국을 안 믿는 거나 똑같다는 이야기.

김근주   그렇죠, 으…… 다시 열이 올라온다.

전성민   네 번째가 성직론. 아까 얘기한 것처럼.

남오성   원래 성직은 그렇게 자녀에게 인
계되는 게 자연스러운 거다. 원래 그렇게 하는
거라는 논리지요.

권연경   그럼 다른 성직은?

김근주   집사도 성직 승계하고 세습하고, 권사
도 세습하고 그러는 거예요. 사찰 집사, 그것도 세습하고.
교사도 세습하고.

고상환   그냥 부의 대물림이군요.

김근주   한번 교사는 평생 가문 전체가 교사만 하는 거예요.

고상환   조선 시대네. 양반하고 상놈하고.

김근주   한번 장로 자리면 그 집은 계속 장로만 하는 거예요.

고상환   나 집사만 해요?

김근주   이거 장로가 목사 되면 골치 아파요. 집안에 모든 게 다 깨져요. (웃음)

권연경   성직이라는 개념 자체, 발상 자체가 문제잖아요.

김형원   이것 역시 또 구약으로 돌아가고 있는 거지요.

고상환		저희 지난번에 했던 거예요.

전성민		저희가 이 성직론에 관해선 느헤미야 팟캐스트에서 목회자와 평신도라는 제목으로 다룬 적이 있습니다. 다섯 번째가 합법적 절차.

남오성		절차가 합법적이면 문제없는 거 아니냐는 건데요. 10월 유신 때 벽에 붙였던 포스터가 있어요. 지금으로 치면 인포그래피인데, 포스터에 있는 세 구호가 통일, 안정, 번영이었거든요. 근데 우리 지난 시간에 얘기했듯이.

권연경		똑같네.

남오성		사랑의 핵심은 안정과 번영인 거니까, 결국 독재자가 이루고 싶었던 그 꿈을 이제 목사님이 아들을 통해 교인들과 이루어 가는 셈이지요.

전성민　　　　　　제가 구약 윤리에 관심이 있는데, 이에 대한 입장을 잠깐 말씀드리면, 사실 구약 윤리 개념 중에 법과 윤리의 간극이란 게 있습니다. 뭐냐 하면, 법이라는 것은 도덕의 최소한을 규정해 놓은 것이고, 하나님께서 실제로 자기 백성들에게 원하시는 윤리적 삶이라는 것은 법의 수준으로 제한되는 게 아니고 훨씬 고차원적이라는 것이죠. 그래서 사실 세습 문제나 교회 건축 문제나 다 합법적인 절차로 했다, 이런 얘기를 변으로 내세우는 것을 들을 때마다 저는 그게 우리가 할 수 있는 최대한의 변론이라는 게 너무나 비참하다 싶습니다.

나봇의 이야기(왕상 21장)도 그렇지만, 나봇을 죽일 때 이세벨과 아합이 철저하게 합법적인 절차를 통해 죽이게 됩니다. 증인 두 명을 세우는데요, 율법이 재판할 때 제대로 하려면 증인 두 명을 세우라고 하거든요. 하나님 보시기에는 철저하게 엘리야에 의해 악이라고 규정되지만, 그 광경을 본 다른 사람들은 철저하게 합법적인 절차를 밟아서 이 사람 죽었다고 생각할 것이라는 거죠. 그런 면에서 법이라는 게, 합법이라는 게 얼마나 위험한 함정인지, 우리를 기만하게 만드는 건지, 우리를 또 위선적으로 모는 건지에 대해 생각해 볼 수 있을 것 같습니다.

김형원　　　　기독교적 정의를 거론할 때 형식적 합
법에 문제 제기가 많고, 아무리 그래도 불의한 법령을 만
드는 것 자체에 대해서도 성경에서 분명하게 지적하고 있
기 때문에, 아무리 법을 만들었고 법대로 한다 해도 그
자체에 불의한 과정이 개입되어 있고 불의한 의도로 만들
어졌다면 그건 악한 것이라고 규정해야겠지요.

권연경　　　　전부는 아닐지 모르지만 주님이 바리새
인들을 비판할 때 핵심이, 합법을 가장해서 하나님의 법
을 어기고 인간의 욕망을 추구하는 그걸 공격하는 거거든
요. 그 논리와 똑같군요.

고상환　　　　그 총회꾼들이 하는 짓이 그거예요.
'법대로 합시다!'

전성민　　　　여섯 번째가 선교 방해론. 세습
이라고 떠들면 전도가 안 된다, 뭐 이런 건가
요?

남오성   세습 반대 운동하면 선교에 방
해된다.

김근주   교회 비판하면 선교에 방해된다,
이런 거.

고상환   그렇죠.

김형원   거기서 얘기하는 선교는 도대체 뭘까
요?

권연경   내 교회가 안정적으로 성장하는 데 방
해가 되는 거지요.

김형원   예수님께서 바리새인 비판할 때 '너희
가 열심으로 제자들을 잡아다가 자기보다 더 악한 사람
을 만든다'고 하신 것과 똑같은 상황이 아닐까 싶어요. 그
렇게 해서 만들어진 그 수많은 사람들이 모인 교회는 누
구를 위한 교회냐 싶어요.

권연경   그 사람들을 위한 교회겠지요.

전성민   결국은 이게 구약에 보면 역시 또 엘리야하고 아합이 만났을 때 아합이 엘리야를 딱 보더니, '이 이스라엘을 괴롭게 하는 자여' 이러거든요. '이스라엘을 괴롭게 하는 자는 아합 당신입니다' 이런 거죠. (웃음) 진짜 누구 때문에 선교가 방해되고 뭐 기독교의 신뢰가 떨어지는 건데 말입니다.

김형원   왜 이런 비판들은 〈뉴스앤조이〉나 교회개혁실천연대가 활동할 때마다 나오는 반대론이잖아요? 이들이 한국 교회 선교를 막는다는 식.

전성민   덮어라, 덮어라, 이런 거죠.

김근주   지금도 페이스북 보면 늘 나오는 게, 누가 교회에 대해 센 이야기를 하면 '그렇게 단정하신다니 마음이 슬픕니다' 뭐 이런 글입니다. (웃음) 너무 답답해요. 말을 심하게 해서 심란하다, 상대를 존경하지 않아서 심란하다.

김형원   너무 선량한 사람들이 많은 것 같애.

김근주   한 발짝도 앞으로 못 나가고 계속 거기
서 맴돌고 있어요, 그냥.

전성민   일곱 번째가 간섭 불가론. 우리 교회 일
이니까 우리 교회가 알아서 한다. 신경 꺼라, 이런 거죠.

남오성   기본적으로 공교회에 대한 이해가 전
혀 없는 거지요.

김근주   공교회 개념에 대해 누가 말씀하신 분
있나요?

남오성   지금 장신대 총장이신 김명용 교수님이
과거에 쓰신, 목회자 세습에 대한 신학적 비판론을 보면,
제1번이 '목회자의 세습은 사도신조의 공교회 정신에 위
배된다'입니다.

전성민   간섭 불가론은 그러니까 사도신경을 안

믿는다거나 제대로 실천하지 않겠다는, 그런 이야기인 거지요.

남오성　　　　그런 쪽으로 교회를 네 교회 내 교회 나누는 발상 자체가 기본적으로 교회에 대해 심각하게 잘못 이해하고 있다는 표시이지요.

권연경　　　　사실은 세습 아니어도 이미 뿌리 깊이 퍼진 것으로 보이는 오해잖아요.

남오성　　　　그 점에 대해 드리고 싶은 얘기는, 여의도 순복음교회가 삼박자 구원론 하면서 양적 성장을 했고 그때 누가 비판하면 우리가 그렇게 믿든 말든 신경 쓰지 마라 하는데, 그게 번지고 번져 한국 교회를 그렇게 만들었다는 겁니다. 아, 이게 이만열 장로님 말씀입니다. 우리 교회 일이니까 신경 쓰지 마라, 이게 있을 수 없는 일이라는 겁니다.

전성민　　　　김명용 교수님이 지금 장신대 총장님이시죠?

남오성   총장님입니다.

김근주   그러면 말입니다, 장신대 총장에 김명
용 교수님이 되셨으니 이제 통합 측에서 대형 교회나 중
형급 이상 교회들이 세습하려고 하면, 김명용 총장님과
장신대 교수님들이 발 벗고 나서서 그 교회의 세습은 막
아 내겠구나 싶어요.

김형원   신학교 총장이 파워가 있나요?

김근주   일단 성명서를 발표해서 장신대 총장과
교수 명의, 이렇게 해서 무슨 무슨 교회 세습에 절대 반대
한다는 성명서는 나오지 않을까 싶어요. 김명용 교수님의
세습 반대 논리가 워낙 철저하기 때문에 이거 현실에 적
용될 수 있을 거 같아요, 바로.

전성민   이상 통합측 목사님 발언이었습니다.

남오성   참고로 2011년 3월 5일 〈뉴스파워〉 기
사.

전성민		기사 그대로 읽어 주시는 거예요?

남오성		네, 그대로 읽어 드리면요, 새벽기도로 비약적인 부흥을 경험한 명성교회 김삼환 담임목사가 특별새벽기도회 마지막 날! 마지막 날이 중요합니다.

김근주		언제 날짜죠, 그게?

남오성		2011년. '특별 새벽기도회 설교를 통해 섬기는 삶을 역설했다. 5시 30분 예배는 김하나 목사의 사회로 진행됐다', 여기까지만 읽겠습니다.

전성민		새벽기도가 어땠는지 알려 주는 건가요?

김형원		김하나 목사가 누구예요?

남오성		김하나 목사님은 김삼환 목사님의 자제분이고, 항간에 떠도는 소문, 근거 없이 떠도는 소문에 명성교회를 세습시키려는 거 아니냐, 이런 얘기가 있답니다.

김근주   이분 미국에서 공부하셨나요?

남오성   아, 그렇죠. 프린스턴에서 공부하시고
드류대에서 피에이치디를 하셨지요.

김형원   로얄 코스군요.

고상환   김명용 총장님이 계시니까 거기는 안
할 거예요.

김근주   아마 힘들 거예요, 통합 측은.

남오성   명성교회는 특별 새벽기도회가 전 세계
적으로 방송도 되고, 그러는 걸로 알고 있습니다. 특별히
마지막 날이라면 피크 타임이고 어린아이까지 해서 새벽
에 2천 명에.

고상환   2만 명이겠죠.

한병선   2천 명은 아니겠죠.

남오성   아닙니다. 어린이들이 강당 바닥에 자리를 잡았고, 2천여 명의 청년 대학부 회원들이 '물이 바다 덮음같이' 특별 찬양을 했다고 되어 있네요.

김근주   특송한 사람이.

고상환   부른 사람이 2천5백이야, 특새하면 2만 명 이상이에요.

남오성   특별 찬송이 2천 명인데 거기에 마지막 날 피크에 아드님이 사회를 보셨다, 이 팩트에 초점이 있습니다.

김근주   제가 생각할 때는 명성교회.

권연경   말하자면, 선을 보인 거네요.

고상환   그분이 부목사님이에요?

남오성   네, 부목사님이죠.

김근주   명성교회는 통합 측의 상징적인 교회고, 많은 장신대 교수님들이 명성교회와 이런저런 연관이 있습니다. 전 그런 점에서 만일 명성교회가 세습을 하면 통합 측 전체가 엄청난 위기가 되는 거고, 이런 일을 통합 측 총장님과 교수님들이 가만히 계시지 않을 테니, 김삼환 목사님이 그렇게 하실 분은 아닐 것 같아요. 눈과 귀가 멀지 않는 한.

고상환   너무 통합 측을 우호적으로 보지 마세요.

남오성   여기 재미있는 댓글이 달렸습니다. '김삼환 목사님, 지금 건축 중인 건물 빨리 완공하셔서 김하나 목사님께 물려주시고 은퇴하셔서 맘이 편하시'까지. 이런 댓글이 있다는 거. 김삼환 목사님 속을 하나도 모르시는 분이죠.

김형원   딸랑 딸랑 딸랑.

전성민   김삼환 목사님 그럴 분은 아니겠지요?

김근주   그런 정신 나간 생각을 하는 목사가 있기는 쉽지 않은 것 같아요, 그건.

남오성   그런 분들 하나도 있으면 안 됩니다.

김근주   더구나 통합 측에서 그러지는 않을 거예요.

전성민   이거 두개 마저 더 봐야 되는데요. 여덟 번째가 용어 순화론. 세습이라는 용어는 부당하다는 논리. 저희가 아까 얘기했죠.

전성민   온갖 기득권이 다 묶여 있는 걸 세습이라 부르지, 뭐라 부르냐?

권연경   절차가 합법적이다, 뭐 그런 얘기예요?

전성민   아니요, 세습이라는 용어 자체가.

김형원   그 말을 쓰지 말자고.

김근주   승계라고 하자.

전성민   정당한 청빙의 결과다.

전성민   외국의 성공 사례를 들면서.

남오성   외국의 실패 사례는 어떡하고?

전성민   외국의 성공 사례가 있기는 있나요?

남오성   보통 얘기하는 게 빌리 그레이엄 목사가 아들한테 물려준 거라는데, 대표적인 실패 사례가 있잖아요. 로버트 슐러 목사님.

김근주   아니, 어떻게 예수님의 십자가를 고백하는 종교가 이럴 수 있는지 모르겠어요.

전성민   이럴 수가 뭐예요?

김근주　　　　　이런 식으로 '외국에서 누가 성공한 걸 가지고 우리도 따라하자'라는 게 말이 되느냐는 겁니다.

전성민　　　　　성공한 걸 따라하자는 얘기가 아니라 세습을 했는데 잘되더라는 겁니다.

김근주　　　　　그러니까 그걸 따라한다는 자체가, 본질적으로 예수님의 십자가를 따르는 신앙과 공존 가능하냐는 겁니다.

전성민　　　　　검증된 방법이다, 이런 거잖아요?

권연경　　　　　이 논리가 통한다는 것 자체가 지금 문제가 있다는 거지요.

고상환　　　　　외국에서 성공하면 우리나라에서도 성공하는 거예요?

전성민　　　　　잠깐. 이런 논리는 왜 통하죠, 도대체?

권연경   사대주의가 있기도 하고.

김근주   성공을 갈망하니까.

권연경   한국 기독교는 미국판 기독교잖
아요. 미국에서 성공하면 잘된 거야, 그러니까.

김근주   비극은, 요즘 교회개혁운동 쪽의
모임에도 사례 연구로 굉장히 많은 교회들이
찾아온다는 겁니다. 이제는 개혁운동도 교회
성장의 한 방법이 될 수 있겠다는 생각을 목회
자들이 하는 겁니다. 비극인 거죠.

전성민   아, 교회 개혁이 교회 성장의 한 방법?

김근주   성장의 방법이 된다고 해서 열심히 배
우러 온다는 거예요. 완전히 비극이에요, 이제. 교회가 끔
찍해요. 성공에 완전히 목이 매여 있어요.

권연경   성공도 진짜로 성공하면 좋은 거겠지만

그 성공이라는 게 결국 세속적인 의미에서 성공을 말하면 아무것도 아니지요.

전성민　　　　열 번째가 뭐냐면, 시민운동 일환이라는 왜곡입니다. 그러니까 세습을 반대하는 사람들은 시민운동가들이다, 뭐 이런 건가요?

남오성　　　　잘 모르겠어요.

고상환　　　　그게 아니라 시민운동을 활성화하기 위해 이런 소재를 만들어 내고 이걸 통해 시민운동을 이어 간다, 이런 얘기예요.

권연경　　　　시민운동이 자기 밥줄로.

고상환　　　　자기 밥줄로 이런 것을 타깃으로 해서 간다, 네거티브적이다, 이런 얘기예요.

김근주　　　　그렇지만 시민운동가 아닌 사람들도 원체 많이 반대하는 일이잖아요, 이거.

권연경   그래서 세습하는 자기네들이 잘했다는
건가요?

남오성   제가 교회개혁실천연대 사무국장으로
오기 전에 바깥에서 보면서 비슷한 생각 했었어요. 뭐냐
면, 아니, 저 사람들은 왜 그렇게 저런 걸 찾아다니면서
비판하고 그럴까, 저도 바깥에서 동감하면서도 그랬는데,
막상 안에 들어가 보니까요, 찾아다닐 시간이 없어요. (웃
음) 너무 바빠요.

김근주   안 찾아 다녀도 막 터지니까.

남오성   막 터져요. 기자들이 막 써요. 그러면
그거 뒷감당하고 막아 내고.

고상환   정신없어요.

남오성   교회 안 다니는 기자들, 교회에
대한 이해가 없는 기자들한테 가르쳐서 납득시
켜 가지고, 이게 안티기독교적 방향이 아니라

교회 개혁적인 방향으로 기사가 나가도록 제가
얼마나 노력을 많이 하는데. (웃음)

고상환   그래서 잘렸잖아. (웃음)

전성민   잘린 거 아니고 그만두신 건가요?

고상환   사임을 빙자한.

남오성   제가 웨신에서도 그랬고, 자를 거 같으
면 나갑니다. (웃음) 여자 친구 사귈 때도 차일 거 같으면
내가 먼저 차고.

김근주   완전 딴 데로 샜군요. (웃음)

전성민   뭐 열 가지 정도 저희가 하나씩 확인해
봤는데요, 저희가 일일이 다 보았지만.

권연경   말 되는 게 없냐. (웃음)

김근주   말 안 되는 짓이라서 그래요.

전성민   역지사지로, 정말 역지사지로 한번 재
밌게 해보죠. 세습을 정당화하는 논리는 정말 없는 건가
요?

권연경   예외적인 상황은 있겠지요. 예를 들어,
기획돼서 이루어지는 일이기는 하지만, 아들에게 물려주
려고 공부를 시켰다고 쳐봐요. 공부도 잘하고 사람도 좋
고 목회하기 딱 좋은 아들. 공부도 잘해서 준비를 잘해왔
으니, 교인들 입장에서는 반대할 이유가 없기는 할 거 같
아요. 기회를 박탈하게 된다는 면에서는 좀 문제가 생기
겠죠. 교인들 입장에서 보면 이런 상황인데, 이분처럼 훌
륭하게 준비된 분이 없는데 우리가 이 사람을 걷어차야
되냐? 그런 말을 할 수 있을 거 같아요.

고상환   또 다른 경우를 생각해 보면, 교회를
키워 나가는 길이 굉장히 험난하잖아요. 기도해야 되고
새벽기도 이렇게 열심히 해온 길을 다른 사람한테 물려줄
수 있겠어요? 이렇게 어려운 길을? 새로운 사람을 쓰기보

다 우리 아들 더 고생시켜서 이 교회를 유지해 나가야 된
다, 이렇게 생각할 수도 있으려나요?

권연경   그 사람은 일단 정직하기를 배워야 되
지요. 정직해지는 것.

고상환   논리는 되잖아요.

권연경   논리가 아니라 그건 거짓말이죠. 그게
무슨 말이 돼요?

고상환   내가 거짓말쟁이야?! (웃음)

권연경   그게 뭐가 힘들어요? 새벽기도 하루만
나오고 다 부목사 시키는데.

김형원   담임목사가 아니니까. (웃음)

권연경   그러니까 모르는 거지요, 지금. 어릴 때
내가 궁금한 게 뭐였는지 알아요? 아, 목사님 되면 새벽기

도 안 해도 되는구나 하는 거였어요.

고상환   그랬어요?

권연경   네!

고상환   저는 하는 줄 알았는데.

전성민   참고로 느헤미야 팟캐스트 9회 '새벽기
도'에서 이 얘기 들으실 수 있습니다.

김형원   기본적으로 세습은 성경에서 안 다루
는 얘기지요. 적어도 교회 세습에 대한 얘기는 성경에 없
잖아요? 하나님의 법을 말하면서 세습은 절대 안 돼, 100
퍼센트 안 돼. 이렇게 얘기할 거리는 아니라고 봐요. 우리
가 법을 만들 수도 없는 거고. 이 문제는 상황 속에서 바
라봐야 되는 문제라는 거예요.

전성민   대한민국의 교회 상황에서.

김형원   그렇죠. 지금 한국 교회 상황 속에서 봐야 된다는 거예요. 저는 이런 측면에서 외국 교회 사례를 그대로 가져오는 거, 이건 전혀 안 맞는 케이스라고 봐요. 상황이 다르고 교회 환경이 다르고 교인들의 의식 수준이 다르고 목회자의 의식 수준이 다 다른 곳에서의 예를 갖다 놓고서 한다는 거, 그건 말이 안 된다는 거지요. 이런 측면에서 아까 얘기했듯이 목사의 아들이 정말 최선일 수도 있다고 봐요. 그럴 수도 있잖아요? 그런데 아들이라 못 하게 하면 정말 억울할 수도 있다고 봐요. 근데 통합 측인가요? 부목사가 바로 담임목사 못 되게 되어 있잖아요.

고상환   네. 2년 동안은.

김형원   이것도 억울할 수 있어요. 부목사인데 정말 이런 사람을 우리 담임목사 세웠으면 좋겠다.

전성민   고신 측도 그래요.

김형원   자격을 갖춘 좋은 분인데도, 그런 규정이 있으니 못 한단 말이에요. 똑같은 논리란 말이지, 억울하단 말이에요. 여하튼 몇 년은 밖에 내보내야 된다는 얘기지요. 이런 과정을 거쳐야 되는 것을 교단 법으로 만들었다면, 세습의 경우도 그런 것을 감안해야 한다는 겁니다. 지금 한국 교회 상황에서 세습을 왜 반대하는지 생각해 보아야 돼요. 한국 사람들 전체, 그리스도인들뿐만 아니라 한국 사회 전체가, 통계에 따르면 80~90퍼센트가 지금 반대하거든요, 세습에 대해서요. 그러면 이 상황을 읽어야 되는 거예요. 이 상황에서 세습한다는 것은, '나는 억울하다 할지라도 이게 이렇게 되는구나' 해야 하는 거지요. 아까 얘기로, 내가 이것을 강행해 버리면 그게 복음을 막는 거겠구나 하는, 좀더 큰 그림 속에서 봐야 하지 않겠냐는 겁니다. 그런 측면에서 이것을 법이 되냐 안 되냐, 이런 걸 따지기보다는 큰 그림으로 봤으면 좋겠어요.

권연경   좀더 큰 그림이라는 게 아까 말한 공교회 개념과도 연결되는 건데, 우리 교회는 아니지만 결국 어딘가에서 훌륭하게 교회를 섬기실 거고, 그럼 결국 그

게 하나님 나라를 위하는 거고, 이런 식의 생각을 하면
좋겠습니다.

남오성   능력 있는 목회자니까 우리 교회 오는
게 당연하다, 그럴 수 있다 얘기하지만, 역으로 얘기하면
능력 있는 목회자니 딴 데 가서도 잘하겠는데, 왜 굳이
여기 와가지고 전체 교회를 힘들게 하냐는 거지요.

전성민   딴 데 가서 잘하는 것도 하나님 나라
를 위하는 것일 텐데 말입니다.

남오성   굳이 아버지 교회 와서 그런 말 들으며
왜 그렇게 불편하게 살까 싶어요.

전성민   지금 한국의 맥락이란 말이 아주 흥미
롭게 들렸는데요. 제가 정확하게 성함을 기억은 못하지만
얼마 전에 독일 신학자들이 한국에 와서 개혁
적인 집회 내지 컨퍼런스를 하셨나 봐요. 거기
서 세습에 대한 질문이 나왔는데 독일 신학자
들은 그게 뭐가 문제냐고 얘기했다는 거죠. 그

래서 사실 그분들 모시고 이 문제를 제기한 분
들이 당황했다는 얘기를 페이스북에서 봤어요.

권연경   세습의 실상을 안 가르쳐 준 거지.

전성민   그러니까 끝나고 나서 왜 그거 가지고
사람들이 질문을 하는지조차 그분들은 이해를 못하는 거
예요. 그걸 초청하신 분이 교회 사유화 문제가 있다 그러
니까 아, 아, 하면서 이제 문제가 되는 맥락을 짚으시더라
는 거거든요. 세습 문제는 성경에 있고 없고 떠나서 우리
상황과 공교회성과 하나님 나라, 이런 것들을 생각할 때
우리가 이런 생각을 할 수밖에 없는 거죠.

김형원   지난 시간에도 그렇고 이번 시간에도
얘기했지만 외국 교회들은 목사의 직분이라는 것에 한계
가 분명해요. 자기 역할도 분명하고. 그렇게 되면 목사가
한국 교회처럼 전횡을 일삼거나, 제왕적으로 군림하는 일
이 별로 없단 말이에요. 그러니까 목사 아들이 이어받더
라도 자기 위치에서 그 정도 역할만 할 거니까 아무 문제
가 없어요. 근데 한국 교회 상황은 전혀 안 그렇잖아요.

권연경   왕이 새로 오는 거지요.

김형원   완전히 왕의 계승이란 말이에요. 이것을 그리스도인인 우리도 알고 사회에서도 알고 있다는 얘기지요. 이 땅에 있는 모든 사람들이, '아, 교회는 그런 식으로 되는 거구나' 하고 알고 있는 상황이라면, 우리가 그런 측면에서 '아, 이건 좀 심각한 문제다, 근본적으로는 세습 문제라기보다는 한국 교회의 잘못된 모습의 결정판이구나'라고 볼 수도 있어요. 그 속에 모든 잘못이 다 들어 있고, 그게 세습이라는 걸로 팍 폭발하는 게 아닐까, 그런 생각이 들어요.

권연경   습관이 되어 버린 우리의 위선과 부정직이 놓여 있습니다. 제일 힘든 문제 중의 하나인데, 정직하지가 않다는 점이지요.

김형원   열 가지 논리들이 포장하는 전부 다.

전성민   열 가지를 옹호하지만 사실 본질은 이게 아닌 거죠. 그런 열 가지 이유 때문에 세습하는 게 아닌 거죠. 아까 얘기했던 욕망의 결정을 그대로 드러내고 아들이 잘되고 나도 대우 좀 잘 받고. 어쩌면 그런 면에서 시기 때문에 세습한다는 게 가장 정직한 표현일지 모르겠어요.

김형원   그럴 수도 있지.

권연경   난 처음에 시기라고 하길래, 그런 수준의 이야기인 줄 몰랐지요. 그래서 우리가 세습하면 다른 사람들이 시기한다, 이런 얘긴 줄 알았어요. 그런데 전혀 그게 아니었더군요.

전성민   그렇지요, 후임 목사가 잘되면 전임이, 원로가 시기한다는 이야기거든요.

김형원   김홍도 목사님 말을 오해한 거예요, 지금?

김근주   너무 김 목사를 고차원으로 생각하신

듯. (웃음)

김형원   우리가 그 사람들 눈높이로 내려가야
돼요.

고상환   제가 존경하는 원로목사님 한 분이 그
런 얘기를 했어요. 그분은 자기 아들들을 일부러 목사를
안 시켰습니다. 스스로도 욕심이 생길 수 있잖아요. 나중
에 은퇴했을 때도 그 얘기 나왔다네요. 아들이 한참 후
에 목사가 되었고, 지금은 교수로 있습니다. 그런데 아들
을 목사를 시켜서 다시 교회를 장악하려고 한다, 그래서
현 담임목사와 트러블이 생긴다, 이런 논리들과 말들이
있더라는 겁니다. 70~80년대에 형편이 어려운 교회를 아
들 보고 이어받으라고 하는 아버지 목사 별로 없었을 겁
니다. 지금이야 형편이 좋으니까 200명, 아니 100명만 넘
어도 그 떡이 커 보이는, 이런 현상이 생기고 있지요.

권연경   대기업 같은 데서 직접 경영권을 승계
해 주기도 하지만 계속 사회적으로 문제가 되는 게, 소위
재벌들이 식구가 많잖습니까? 딸, 손자, 손녀 등등. 그래서

빵집 만들어 주고, 이것도 저것도 만들어 주고, 떡볶이집 만들어 주고, 결국 자기가 가진 조직을 이런 목적을 위해 이용하고, 그 힘을 이용해서 욕망을 계속 지속화하는 것처럼, 똑같은 형태들이 지금 교회에서 벌어지고 있는 거예요.

김형원　　　　실제로 보면 60~70년대 한국 교회가 굉장히 힘든 시기를 지나왔을 때, 그런 식의 세습은 아니지만 그렇게 계승된 예들이 꽤 있었어요. 다만 그때는 그게 이슈화되지 않았지요. 그 이유가, 목사라는 자리가 권력의 자리고 모든 걸 누리는 자리라고, 당시 거의 누구도 생각 안 했거든요. 실제로 그것은 정말 힘든 자리였고, 교인들도 그걸 다 알고 있었고, 일반 사회에서도 목사는 참 힘든 거구나, 이런 생각 했단 말이에요.

남오성　　　　그때는 성미(誠米)가 없으면 밥을 못 먹는 때였지요.

김형원　　　　이게 이슈화되는 건 뭐냐면, 80년대 넘어가면서 교회가 권력 집단이 되어 가고, 그 정점에 목사가 있고, 목사가 모든 걸 누리게 되는 상황으로 되면서지요. 이러한 변화된 상황을 교인들도 알고 일반 사회에서도 다 알게 된 거죠.

전성민   근데 실제로 세습을 시도하시는 분들은 그 논리를 여전히 쓰시는 것 같아요.

김형원   시대착오지요.

전성민   여전히 이 자리를 물려준다고 하면서, 이건 십자가의 자리를 물려줄 뿐이라고 말하잖아요.

권연경   그러니까 그게 위선의 극치지요.

전성민   정리를 좀 해야 할 것 같습니다.

권연경   목사가 80년대 신랑감 순위 2위까지 올라갔었는데 말입니다.

전성민   요새 다시 떨어지지 않았나요?

권연경   떨어졌죠, 이미. 그때는 그랬다고요.

전성민   저희가 이야기를 편하게 많이 나눴는데
요. 그 가운데 세습을 옹호하는 논리 열 가지를 중심으로
정리하며 나눴습니다. 오늘 마무리 발언을 한마디씩 해주
시고 이 시간 정리해야 될 것 같습니다. 구약부터. (웃음)

김근주   히브리서에 그런 말씀 있지 않습니까?
참 두려운 말씀인데, 한번 은혜를 경험한 사람이 다시 더
러움에 떨어지면 회복되기 어렵다는 말씀 말입니다. 대부
분의 그리스도인들이, 그 사기꾼 목사님들조차도 처음에
신학교 가고 목사 되겠다 할 때는 결단하고, 버린 게 있을
거예요. 저도 마찬가지였고요. 근데 목사 생활 오래 하다
가 다시 욕망이 바글바글 들어와요. 저는 그 히브리서 구
절을 이전에는 예수 믿던 이가 신앙을 부인한 경우를 가
리킨다고 생각했는데 그건 아닌 것 같습니다. 내가 욕망
을 내려놓았는데, 목사가 되고 나서 사역하면서 다시 욕
망이 나한테 찾아오게 되어 어떤 식으로든 명예욕이든 재
물욕이든 생겨나고 그것에 사로잡히면, 회복이 불가능하
다는 의미이지 않을까 싶어요. 제가 보기에, 수많은

세습 목사님들, 아무리 우리가 말해도 못 고치는 게, 한번 은혜 받은 사람이, 결단한 사람이 다시 시궁창에 들어간 것이기 때문에 못 돌아오는 그런 상황이다 싶어요. 그게 지금 한국 교회의 위기인 것 같아요. 이 십자가의 종교가 다시 욕망으로 가버리는 바람에 회복이 불가능해진, 나도 그리 멀지 않은 이야기인 것 같아요.

김형원   십자가 자체가 욕망화되어 버렸죠.

권연경   그렇죠.

김형원   욕망의 수단, 도구화.

김근주   그러면 복음을 깨달을 수 없어요. 성경을 아무리 봐도 깨달을 수 없지요. 딱 이사야가 선포한 상황, 듣기는 들어도 알지 못하는 그 단계가 되어 버리는 것 같아요.

전성민   권연경 교수님 한마디.

권연경   나누면서 얘기했는데, 결국 처음 언약을 맺을 때부터 이스라엘, 선지자 시대를 거치고, 세례요한 거쳐서 예수님 거쳐서 바울까지 가장 집요하게 등장하는 문제가, 하나님의 백성들인 이스라엘이 하나님과의 관계에서 보여 주는 집요한 위선, 특히 종교적인 위선이다 싶어요. 종교적으로 그럴듯한 모습을 갖추면서 속에서는 자기 욕망을 추구하는 겁니다. 당시 이것이 가장 근본적인 문제였는데, 오늘 우리의 문제도 똑같은 것 같아요. 굉장히 종교적 치장을 많이 해왔지만, 이렇게 저급한 욕망을 정당화하려고 여념이 없는 모습을 보면서, 우리도 좀더 솔직하게 우리 욕망 때문에 이 짓을 하고 있다는 것을 솔직하게 고백할 수 있는, 그런 길로 좀 나아갈 수 없을까. 이게 우리가 생각해 봐야 하는 문제 중에 하나일 거 같아요.

전성민   네, 남오성 목사님.

남오성   저랑 친한 목사님, 제가 신뢰하는 목사님이 있는데, 그 목사님이 그러더라고요. 본인은 세습반대 운동에 반대한대요. 세습을 찬성하는 것도 아니지만 세습을 반대하는 운동에 반대한대요. 이유는 뭐냐면, 세습반대 운동, 현재 진행되고 있는 세습반대 운동은 세상의 요구에 발맞추기 위한 방편이다, 이런 얘기를 하더라고요. 그런데 우리나라 대표적인 보수 신학자로, 숭실대 기독교학과에서 은퇴하신 김영한 교수님이 최근 세습 금지의 신학적 근거에 대해 쓰신 글을 보면, 다섯 번째로 시대적인 근거를 드시거든요. '시대마다 그 시대에 맞는 정신, 시대정신이 있다. 기독교가 이것을 반영하는 것은 시대적 사명이다', 이런 말씀을 하셨어요. 하나님께서 우리에게, 이 시대 교회에게 음성 주실 때, 마치 유럽 종교개혁 때 제후들의 음성 같은 세속의 음성을 사용하신 것처럼 분명히 세상의 음성을 하나님께서 사용하셔서 말씀하신다고 생각합니다. 그래서 사도행전 시대 교회처럼 칭찬 듣는 교회가 되도록 시대정신을 반영하는, 그런 교회가 돼야 하지 않을까, 그러니 세습 반대해야 되지 않을까 싶습니다.

김형원   그 점에 관련해서 저도 그런 생각이 드는데, 모든 교회는 선교적인 교회일 수밖에 없을 것 같아요. 그 부분에 대해 민감성을 잃어버리면 짠맛을 잃어버린 소금과 똑같이 되는 거거든요. 저는 그런 측면에서 선교적인 민감성이 있어야 된다 싶어요. 선교적인 민감성을 위해서는, 그 선교라는 목적을 위해서라고 한다면, 어떨 때는 본인들이 좀 억울해도, 또는 본인이 정당하다고 할지라도, 그걸 좀 내려놓고 희생하고 양보하는 모습들을 한국 교회에서 보여야 되지 않을까 싶어요. 그러니까 '우리는 이렇게 해도 이건 세습이 아니고 합법적으로 문제가 없으며, 이래도 되는 거다'라고 생각할 수도 있겠지만, 지금 이 상황에서는 뭔가 메시지를 주는 게 굉장히 중요하잖아요. 그러면 그런 측면에서 한국 교회가 섬기는 모습, 내려앉는 모습, 이런 것들을 보여 주면 그게 얼마나 좋을까, 그런 기대를 해봅니다. 근데 솔직히 제 마음으로는, 교회가 그렇게 하는 것이 가능하지 않을 거 같아요. 세습에 관해 제가 너무 비관적이라서, 더 이상 말하고 싶지가 않아요.

전성민   네, 고 집사님.

고상환   흔히 하는 말로 'No Cross, No Crown'

이런 말 있는데, 그 말이 생각납니다.

김형원   오, 이렇게 유식한 말을.

남오성   오래간만에 영어 썼어요. (웃음)

전성민   구약 얘기 잠깐 하면, 어쨌든 왕권이 정
당화되지만 세습되는 권력 자체에 대해 구약조차도 굉장
히 부정적으로 그리고 있는 거 같아요. 엘리의 아들들도
그렇고 사무엘의 아들들도 그렇고, 다윗의 아들 솔로몬도
사실은 엉망이거든요. 그런 면에서 제도적으로 왕
권 같은 것이 허용된다 하더라도 그것이 갖는
세습되는 권력에 대해, 성경에서는 얼마나 이게
부패하기 쉽고 얼마나 악한 것인지 본질적으로
접근하고 있습니다. 그래서 아까 김근주 교수님
이 말씀하신 것 같은데, 신약도 신약이지만 구
약이라도 제대로 읽으면 이 이야기는 이렇게 쉽
게 나올 문제가 아니다, 이런 생각이 듭니다.
오늘 기독연구원 느헤미야 팟캐스트 에고에이미 함께해
주신 분들, 너무 감사합니다. 팟캐스트는 계속됩니다. 사

실 언젠가 이런 얘기들을 안 하고 끝날 수 있으면 좋겠어요. 그렇지요? 하지만 저희가 교회를 사랑하고, 우리 교회가 아픈 만큼, 우리 팟캐스트는 웃는 만큼, 또 그 가운데 슬픔을 안고 계속될 것 같습니다. 여러분께 많은 기도 부탁드리고요. 더 궁금하신 것들은 저희 느헤미야 홈페이지 찾아오시면 많은 글과 생각들 나누실 수 있습니다. 오늘 이 시간까지 함께해 주신 분들 너무 감사하고요, 다음 시간에 또 뵙겠습니다. 안녕히 계십시오.

느헤미야 팟캐스트 1

2013. 3. 20. 초판 1쇄 인쇄
2013. 3. 25. 초판 1쇄 발행
지은이 기독연구원 느헤미야

펴낸이 정애주 **편집팀** 송승호 한미영 김기민 김준표 정한나
디자인팀 김진성 박세정 조주영 **제작팀** 윤태웅 임승철
마케팅팀 차길환 국효숙 박상신 오형탁 곽현우 송민영 **경영지원팀** 오민택 마명진 윤진숙

펴낸곳 주식회사 홍성사 **등록번호** 제1-499호 1977. 8. 1.
주소 (121-897) 서울시 마포구 합정동 369-43
전화 02) 333-5161 **팩스** 02) 333-5165
홈페이지 www.hsbooks.com **이메일** hsbooks@hsbooks.com
트위터 twitter.com/hongsungsa **페이스북** facebook.com/hongsungsa
양화진책방 02) 333-5163

남오성

연세대와 성결대에서 신학을, 미국
듀크대와 보스턴대에서 교회사를
공부했다. 유학 시절부터 사람 엮기를
좋아해서 신학전공 유학생 온라인
커뮤니티 나모스클럽(www.namos.
org)을 만들어 운영하기도 했다.
웨스트민스터신학대학원대학교
교회사 교수를 지냈으며, 최근까지
교회개혁실천연대 사무국장으로 일했다.
지금은 일산은혜교회 청년부 목사로
섬기고 있다.

배덕만

드루 대학교에서 미국교회사 전공으로
박사학위를 받았고, 미주성결교회에서
목사안수를 받았다. 현재는 대전에서 네
명의 여인들(숙경, 수연, 소연, 서연)과
함께 살면서, 복음신학대학원대학교에서
교회사를 가르치고, 주사랑성결교회에서
담임 목회를 하며, 종종 서울에 올라와
기독연구원 느헤미야에서 가르치고 있다.
미국 교회와 한국 교회의 역사적 상관
관계에 주목하면서, 성령운동, 교회와
국가, 교회개혁 등을 연구하고 있다.
《한국 개신교 근본주의》 외에 몇 권의
책을 썼고, 《미국의 종교》 외에
몇 권을 번역했으며, 학술지 〈종교연구〉
에 '한국신학과 세계신학의 한 가교로서
오순절 신학' 등의 논문을 썼다. 나이가
들어도 청년의 가슴으로 살고 싶은 '과한'
욕심을 품고 산다.

전성민

'기독연구원 느헤미야'라는 이름을 처음 제안한 전성민은 캐나다 리젠트 칼리지와 영국
옥스포드 대학에서 구약을 공부했으며 구약 윤리와 평신도 신학에 관심이 많다. 옥스포드
대학 출판부에서 발행하는 '신학과 종교학 단행본 시리즈'(Oxford
Theology and Religion Monographs)에서 《윤리와 성경의
내러티브》(Ethics and Biblical Narrative)를 올 가을 출간할
예정이다. 보드 게임, 퍼즐 맞추기를 좋아하고 '애플'에
무한 신뢰와 애정을 쏟는 애플 마니아이다. 커피 만들고
과자 굽는 아내와, 아빠보다는 한결 업그레이드된 외모의
두 아들과 함께 용인에서 산다. 걸어서 15분 거리에 있는
웨스트민스터신학대학원대학교의 구약학 교수이기도 하다.

조석민

총신대와 합동신학대학원대학교를 졸업하고 목사안수를 받은 후 목회 현장을 경험했고 영국 브리스톨로 유학하여 요한복음을 연구하였다. 현재 에스라성경대학원대학교에서 신약학을 가르치고 있으며 광명시에 있는 함께가는교회에서 주일마다 설교하고 있다. 영국 셰필드에서 출판된 《제4복음서의 예언자 예수》(*Jesus as Prophet in the Fourth Gospel*)와 《요한복음의 새관점》, 《그리스도인의 세상 보기》 등의 저술이 있다. 클래식 음악과 영화를 좋아하며, 성경만 알고 세상을 모르는 무식한 사람이 되지 않으려고 인문학에 관심을 갖고 온갖 종류의 책을 읽으며 발버둥 치고 있다.

한병선

대학에서 생물학을 전공했다. 중학생 때부터 사진 찍기를 즐겨하던 그녀는 대학생 때 학보사 사진기자, IVF (한국기독학생회) 미디어팀에서 일하며 실력을 쌓았다. 결혼 후 미국에서 살다 3년 후 귀국하여 1998년 좋은교사대회 홍보영상을 제작하면서 본격적으로 영상 제작에 뛰어들었다. 그 후 기업 홍보영상, 학교 홍보영상을 비롯하여 기독교윤리실천운동 등 기독NGO 홍보영상 등을 제작해 왔으며, 2004년 영상프로덕션 '한병선의영상만들기'를 설립했다. 최근에는 기획 다큐멘터리와 영상 자서전 제작에 힘쓰고 있다. 지은 책으로는 《코끼리 아저씨와 고래 아가씨 결혼 탐구서》, 《이름 없는 선교사들의 마을, 블랙마운틴을 찾아서》가 있다.